Oscar bestsellers

di Mauro Corona

nella collezione Oscar

Aspro e dolce
Cani, camosci, cuculi (e un corvo)
Il canto delle manére
Come sasso nella corrente
I fantasmi di pietra
Guida poco che devi bere
Nel legno e nella pietra
Gli occhi del bosco
(Cani, camosci, cuculi - Storie del bosco antico)
L'ombra del bastone
Storia di Neve
Storie del bosco antico
Vajont: quelli del dopo
Le voci del bosco
Il volo della martora

nella collezione NumeriPrimi°

La fine del mondo storto
Venti racconti allegri e uno triste

nella collezione Scrittori italiani e stranieri

La ballata della donna ertana
La voce degli uomini freddi

MAURO CORONA

GUIDA POCO CHE DEVI BERE

Manuale a uso dei giovani per imparare a bere

OSCAR MONDADORI

I edizione Libellule giugno 2013
I edizione Oscar bestsellers novembre 2014

ISBN 978-88-04-64415-6

Questo volume è stato stampato
presso ELCOGRAF S.p.A.
Stabilimento - Cles (TN)
Stampato in Italia. Printed in Italy

www.librimondadori.it

Guida poco che devi bere

Alla giovanissima Clio Cinotti,
cui va il grazie per aver trovato il titolo
e l'augurio di buona vita e caute bevute

Avvertenza

Questo romanzo è frutto della fantasia dell'autore. Ogni riferimento a fatti o personaggi reali è da ritenersi puramente casuale.

Inizio alle ore 9 e 15 questo quaderno, dove cercherò di spiegare ai giovani come imparare a bere senza fracassarsi il naso, giacché pretendere che non bevano è come pretendere che non piova.

Avevo cominciato questo discorso in un quaderno, l'8 giugno 2009, poi abbandonato per altri libri. In tre anni ho rivisto, e messo in dubbio, parecchie certezze che allora avevo riguardo ai giovani che bevono. Ed è stato un bene perché, forse, questo lavoro verrà più onesto.

Non saranno consigli per non bere, ma dritte per bere bene senza farsi male. O, almeno, farsi meno male possibile. L'esistenza di ognuno poi va come va, ma almeno ci abbiamo provato.

Erto, 28 maggio 2012

Nel difficile e inquietante inizio del terzo millennio, prende forza ogni giorno di più, accompagnato dall'ansia delle famiglie impotenti e dalla totale assenza delle istituzioni, un serio problema relativo ai giovani. Che non è la droga (ahimè, purtroppo c'è anche quella), ma l'alcol.

Il nemico subdolo e accattivante che Jack London, nelle *Memorie di un bevitore*, chiama John Barleycorn, è ormai amico inseparabile dei nostri ragazzi. Non soltanto nei week-end, ma pure durante la settimana, specie la sera, quando impegni e studi hanno termine e i giovani partono in libera uscita. Allora trascinano le notti, come direbbe il poeta, "fino al chiarir dell'alba", rischiando la pelle e, alla lunga, la salute.

Il fenomeno, ma si potrebbe dire lo sfacelo, aumenta di anno in anno. Non solo nel numero di ragazzi che si mettono a bere, ma nelle quantità, nella qualità del bevuto e nell'età dei bevitori che risulta sempre più giovane. Si comincia a ubriacarsi intorno ai dodici, tredici anni. Così riferiscono le statistiche. E i sondaggi – fratelli delle statistiche, parenti dell'ovvio. Sondaggi e statistiche forniscono numeri precisi e sicuri. Ma i numeri constatano, non insegnano. Fanno come quegli amici che stanno all'osteria col sedere coperto mentre fuori diluvia, e quando entri bagnato zuppo ti dicono: «Piove». Coloro invece che dovrebbero insegnare, vigilare, accompagnare il futuro dei giovani – famiglia, scuola, istituzioni – non indicano una via né tracciano qualche sentiero. Si limitano a ripetere fino al ridicolo: «Non bevete, vi fate del male, vi ammazzate in auto, fate soffrire i genitori, vi rovinate». Ma raccomandare a un giovane di non bere è come pretendere che non piova, non sorga il sole o appaia il giorno dopo la notte. I ragazzi di oggi bevono quasi tutti. Se non proprio tutti, come disse Napoleone, bonaparte sì. E bevono porcherie. Astemi e salutisti sono sempre più rari, nessuno è completamente immune dai vizi. I giovani crescono imparando le cattive abitudini dai vecchi, i vecchi si crogiolano dentro alle loro fino alla morte. Chi non beve fuma, o si droga o è ossessionato dal sesso. O coltiva tutte assieme queste debolezze, e altre ancora.

Il vizio è una dipendenza e le dipendenze sono

infinite. Senza tema di cadere in paradossi, si può dire che tutta l'umanità è drogata o schiava di qualcosa o qualcuno. Molti sono dipendenti da carriera, professione, politica, televisione, notorietà, visibilità. Ci sono ancora in pista dipendenti da notorietà come Pippo Baudo o Bruno Vespa, tanto per fare alcuni esempi. Esistono dipendenze volgari, come quella dai soldi, o infami, come la smania di potere, magari esercitato con violenza. Vizi meschini e brutali, che si nutrono di cinismo e di fronte ai quali Bacco, tabacco e Venere diventano esercizi di nobiltà. Un tizio che va a donne o che si sbronza è meno pericoloso del bieco dittatore che imprigiona o fa fuori coloro che non la pensano come lui.

Tra le varie schiavitù c'è anche quella degli eroinomani d'affetto, persone fragili, insicure ed egoiste che spesso diventano violente giacché la loro esistenza è condizionata dall'amore di qualcuno. Loro non sanno amare, pretendono però di essere amati e guai a chi sgarra. Il bisogno di essere amati crea dipendenza proprio come fanno l'alcol, il fumo e la droga e spinge a questi ultimi. Scatena una possessività ottusa che spesso finisce per essere pericolosa per deboli e indifesi. Troppe volte abbiamo udito, letto o appreso di fidanzati, mariti, amanti che hanno ucciso le loro donne per gelosia o perché lasciati. O, peggio, perché non sopportavano che la persona di cui s'ergevano a padroni fosse avvicinata, sbirciata o ammirata da altri.

Eroinomani d'affetto: bombe innescate da tenere d'occhio. Il bisogno di possedere l'amore a tutti i costi, senza soprattutto offrirne, crea mostri, torturatori e assassini. Devastatori dell'equilibrio sociale molto più che un bevitore o un fumatore o un malato di sesso. Con qualche euro posso pagarmi un fiasco di vino, una stecca di sigarette, una dose o una prostituta, ma non vi è danaro al mondo che compri amore. Quello c'è o non c'è, è come il vento, viene e va. Spesso quando c'è si scioglie in breve e scappa come neve a primavera. A quel punto, se uno risulta eroinomane d'affetto si mette a far casini. Quando scopre che l'amore si disfa, da neve diventa acqua, l'abbandonato si sente perso, finito, azzerato. Se non è allenato alla sconfitta, educato a perdere, corazzato al dolore, in pratica se non ha palle, cominciano i guai. Fa danni. Danni che si riversano su di lui e quelli che gli stanno vicini: genitori, parenti, amici. Non vi è cura né rimedio per gli alcolisti d'amore, non si recuperano, sono perduti. Gelosia, insicurezza e possesso devastano il loro fegato più di quello che può fare l'alcol. Se non reggono l'intossicazione, si scagliano sugli amati che dovevano adorarli alla follia e invece li hanno piantati. Queste vendette, oggi identificate col nome strampalato di "stalking", si ripetono, sono all'ordine del giorno, non sono curabili e spesso portano al peggio.

Per la dipendenza da alcol qualche rimedio esiste, seppur non è facile uscirne. Una volta varcata la soglia, il John Barleycorn londoniano chiude la porta alle sue spalle, dentro diventa buio e non si trova più strada per scappare. La caverna immensa e tetra dell'alcol è piena di morti e sciagure e, più che mai, sèguita a ricevere dannati in cerca d'estinzione.

Varcai quella soglia molto giovane. Oggi sono ancora qui, tra alti e bassi, incidenti, sventure, processi e condanne, entrate e uscite, salvezze e ricadute. Mentre scrivo queste righe, non bevo da nove mesi ma non ho partorito nulla, se non incertezze. L'angoscia di riprendere il bicchiere mi sta appollaiata sulla spalla come un lugubre corvo. Dall'alcol non si esce, questa è l'unica verità e condanna. Carcere a vita, ergastolo del bevitore tappato sul fondo della bottiglia. Si possono ottenere pause temporali, a volte molto lunghe, i più volitivi e tenaci riescono a non bere per anni, dieci, quindici, anche venti. Ma l'incubo persiste, il demonio è sempre lì. Sorveglia il pensiero nelle notti senza sonno. Cala sui momenti di sconforto e debolezza, apre il sipario e ti offre premuroso il calice del vecchio dramma.

Il pensiero di scrivere queste pagine è rivolto ai ragazzi che s'apprestano a impugnare il bicchiere. Parole forse inutili, che non vogliono o non possono insegnare nulla, solamente dare qualche dritta ai giovani, per farsi poco danno e recar meno dolore alle persone che vogliono loro bene. E sono tanti che vogliono bene ai giovani, genitori in testa.

Mio padre beveva, adesso è morto. Se n'è andato nel sonno, in piena salute, nonostante i molti vizi portati avanti per ottantasei anni. Fumava, beveva, picchiava i figli, mangiava male, beveva peggio, usava linguaggio scurrile. Però insegnava. Indicava la via ruminando nel peggio del suo pantano. Non mi piaceva quell'uomo, lo sentivo contro. Istintivamente percepivo che era fuori strada. Ma era mio padre, e ci avevano detto che i padri hanno sempre ragione e il loro agire è sempre giusto. Così, come una sfida, ho cominciato a fare come lui, con l'intenzione addirittura di superarlo. Voleva la disfatta? E allora avanti fino in fondo! Quando s'accorse che, non ancora quindicenne, avevo iniziato a bere e fumare, mi chiamò in disparte e disse: «Siediti qui». Eravamo a tagliare legna nei boschi della Val da Diach. Stava per arrivare l'inverno, la terra era un suono di cemento. Tagliavamo carpini contorti e tumefatti, disossati dalle valanghe dell'anno prima. Alberi vecchi e stanchi, picchiati dalla vita, avviliti e sterili, non più in grado di mettere foglie. Stavo da cani per la sbornia della sera prima, ogni tanto vomitavo. Sedetti tra le dita ossute di una ceppaia e m'apprestai, annoiato, a sentire quel rompicoglioni di mio padre.

«Scolta» disse arrotolando una sigaretta, «ho saputo che ti sei messo a fumare e bere.»

«Come te» risposi, «e allora?»

«Sono brutte bestie, te lo dico io. Se proprio hai deciso di buttarti ai vizi, prendi quello di andare a donne che dovrai smetterlo anche se non vuoi. Gli altri non li fermi più.»

Alto nel cielo passò un corvo imperiale e fece *cra*, come a lanciare un avvertimento. O forse fu una maledizione. Il vecchio aveva visto lontano ma non gli detti retta. Perseverai a bere e fumare, erano vizi meno impegnativi di quello suggerito e inoltre allontanavano la timidezza.

Vivo in una patria stupenda dove invece che fare si auspica. Tutti auspicano qualcosa e fra tanti "auspicamenti" c'è pure quello che i giovani non bevano. L'Italia è un Paese di auspicanti, Paese di attese perfette dove ci si augura, anzi ci si illude che succeda qualcosa senza muovere un dito. E allora, mentre auspichiamo che i giovani non bevano, diamo loro qualche dritta per bere bene senza fracassarsi il naso.

Le azioni umane devono sottomettersi a regole, spesso non scritte, discipline inevitabili per chi sta o vuol stare al mondo, dettate dal buon senso prima ancora che dalla legge. A volte queste regole vengono cancellate da pulsioni deleterie, diavoli tentatori che propongono all'intelletto sfide disastrose. Il cervello le accetta senza riflettere né pensare alle conseguenze. Non è il caso di elencare una dopo l'altra le cause che possono disturbare la mente creandole dipendenze e reazioni. Alcune sono state analizzate, molte restano misteriose, indecifrabili e mietono vittime senza preavviso. Altre, palesi, studiate dagli esperti, valutate senza risolvere nulla giacché eliminarle è impossibile, attecchiscono in vecchi e giovani condannandoli a pericoli e vita grama. La peggiore di queste piaghe sociali, molto diffusa perché legale, è l'alcol e di lui, il John Barleycorn londoniano, si occuperanno queste poche pagine.

Chi scrive non è medico, né psicologo, né teologo, tantomeno salvatore di giovani o indicatore di vie con l'indice puntato. Chi scrive è un povero diavolo che ha fucilato la serenità della sua vita e devastato quella degli altri con l'alcol. Nello specifico il vino.

Ho iniziato presto a bere "canipoli", nomignolo che quassù, nelle terre estreme, fino a qualche anno fa veniva dato al vino. Quando ero giovane nessuno coltivava un ragazzino, nessuno l'avvertiva che l'alcol fa male, soprattutto se assunto in giovane età. Semmai accadeva il contrario, erano gli adulti, ottusi e senza scrupoli, a provocare i giovani con sarcasmo affinché dimostrassero di avere le palle afferrando un bicchiere. Molti lo facevano. Tra questi anch'io.

I giovani sembrano forti, duri, scanzonati, specie quando sono in gruppo. O meglio in branco, che è diverso. Invece sono fragili e soli, abbandonati dalle stesse famiglie che dicono di amarli. Amare ed essere amati è seguire un odore senza perderlo. I camoscini seguono l'odore di mandorla che lasciano papà e mamma. Sempre. Finché non diventano genitori a loro volta e si fanno seguire dai figli. Se odore non c'è, nessun naso riuscirà a seguirlo. Schivare pericoli vuol dire anche procedere a testa bassa sulle orme di chi è passato prima e quei pericoli li ha incontrati, evitati o affrontati. A volte vinti a volte no, ma anche le sconfitte insegnano a coloro che vengono dopo di noi. Spesso però sul cammino calano nebbie fitte e, pur rimanendo in traccia, qualcuno finisce giù dalla cresta. Molti, troppi, cadono dalla cresta, dove c'è tanta nebbia e nessun odore.

Molti giovani che intuiscono i rischi della vita reagiscono, cercano di far bene, inventano cose, mettono in pratica idee, fanno gruppo, collaborano tra loro. Ma il gruppo è tranquillo, mentre il branco è turbolento. Il gruppo è formato da ragazzi che ancor piccini hanno sentito l'odore caldo della famiglia, dell'affetto, delle buone cose. Il branco è formato da giovani che non hanno annusato nulla se non l'aria dolente dell'abbandono, dell'assenza di attenzioni e amore. Nei due eserciti, in guerra col mondo, senza accorgersi che ne fanno parte, possono entrare elementi di ogni estrazione sociale. E pure parecchi fortunati che da bambini fiutarono l'essenza del bene. L'accesso è libero a tutti. Tanti vi cadono perché l'esistenza spesso fa dimenticare i buoni odori dell'infanzia, facendo precipitare anche gli individui ben intenzionati tra i miasmi della falsità, della recita, delle obbligate apparenze, al fine di emergere e rimanere a galla. Tutta questa battaglia contro differenze e ingiustizie, paure, recite ed egoismi globali genera un senso di fallimento e insicurezza e, alla lunga, diventa una lotta spossante per chiunque. Gli uomini la combattono afferrando ciò che trovano. Fra le armi a disposizione di un giovane, e sono tante, una delle più facili da reperire è l'alcol. È legale, costa poco rispetto alle droghe, si può acquistare ovunque e a qualsiasi età. Anche se i politici, più per pararsi il culo che altro, hanno emanato leggi che proibiscono la vendita di alcolici ai minorenni, nessuno se ne cura. I commercianti di settore lo smerciano a iosa, anche ai bambini, giacché l'imperativo è fare soldi, non tutelare la salute dei ragazzi.

La demagogia più bieca e cinica impera ovunque in materia di alcol. Invece che insegnare a bere, educare alla misura, soprattutto al buon bicchiere, chi è preposto alla tutela dei giovani e della salute in generale non fa che bofonchiare: «L'alcol fa male, non bisogna bere, bisogna evitare le stragi del sabato sera...» e altri ridicoli farfugli. "Il fumo uccide" sta scritto sui pacchetti di sigarette. Intanto le vendono. Ti avvertono che il fumo è cancro ai polmoni, poi arrangiati. A quel punto hanno la coscienza tranquilla, legalmente sono al sicuro, tu crepi e loro vedono aumentare il conto in banca. Così per l'alcol. Anche se ancora sulle bottiglie non sta scritto, oltre a danneggiare il fegato, l'alcol – il troppo alcol – corrode cervello e anima, fa sballare, impazzire e commettere qualsiasi azione. Lo sappiamo tutti che è così.

L'inizio del bere è un po' come l'amore quando sboccia, fa tremare i polsi, battere il cuore, emozionare, avere forza e stima di se stessi. Amore e alcol ci fanno credere di contare qualcosa. Invece non contiamo nulla, perciò non si dovrebbe mai andare oltre i primi quattro incontri d'amore, così come non si dovrebbero superare i primi quattro bicchieri. Il dramma è che ci si prende gusto e si tende a insistere. Poi arriveranno badilate in faccia. E sarà il tempo a portarle. Il tempo logora le cose. Producendo verità, togliendo veli, facendo giustizia. Alla fine, tutto e tutti ci deluderanno e l'esistenza diventerà disperata. Agli inizi di qualsiasi cosa, una storia d'amore, un nuovo lavoro, una nuova avventura, bisognerebbe riuscire a gestire il proprio entusiasmo con moderazione. Tenendosi alla giusta distanza, avvicinandosi in maniera oculata, ragionata, senza permettere al fiume di andare in piena. Senza permettere a quelle "brutte bestie" dell'alcol e dell'amore di rimanere incollate a noi, ma senza nemmeno spingerle troppo distanti. La fisarmonica non suona se la si tiene unita. Occorre staccarla, allontanare i lati opposti, e poi riavvicinarli facendole prender fiato. Allora la fisarmonica suona e canta. Insomma, ci vuole misura, sia nel bere che nell'amare, e in tutte le cose che accompagnano la vita degli esseri umani. Ma trovare e mantener misura lungo quell'entità istruttiva e distruttiva chiamata tempo è difficile se non impossibile. Il tempo ha sempre ragione perché dura in eterno. Mentre gli uomini muoiono facendosi male, il tempo tira in lungo il suo cammino.

Da giovane chiesi a una vecchia cos'era il tempo. Ogni volta che mi vedeva sbronzo rimaneva dispiaciuta e subito mi raccomandava di non perdere tempo così. Allora, con l'arroganza dei vent'anni, una volta le chiesi: «Cos'è il tempo?».

Rispose: «Il tempo è una montagna d'acciaio alta cento chilometri, larga cento chilometri, lunga cento chilometri. Ogni cento anni passa un corvo e si pulisce il becco sulla cima. Quando, a furia di passare corvi, si sarà consumata, sarà trascorso il primo attimo del tempo. Ma noi non ne abbiamo così tanto, e quello che hai non buttarlo nel vino».

La parabola della vecchia mi impressionò parecchio, ma seguitai a bere giacché, quando si è giovani, si crede di aver sempre ragione. Ma non mi pento di nulla, è andata così, ho solo il rammarico di aver bevuto troppo e male. Nessuno, da giovane, mi dava delle dritte per aggiustare il tiro, fare meno errori, aiutarmi nelle scelte. O mi incitavano a bere o mi esortavano a non farlo. Io detti retta ai primi e proprio per questo oggi non sono così falso da dire ai giovani di non bere. Sarebbe fiato sprecato e farei della bieca demagogia. Ai giovani dico: «Bevete e divertitevi, ma con misura e giudizio». Misura e giudizio si possono imparare. Allo stesso modo che si addestra una tigre a saltare in un cerchio di fuoco, si possono addestrare i ragazzi a esser buoni, tolleranti e a imparare a bere con moderazione. Lo sballo totale spinto al coma etilico non serve a niente ed è pericoloso.

Importanti, anzi fondamentali per l'addestramento iniziale sono gli adulti, e prima di tutto la famiglia. Come fa un bambino a non crescere razzista quando sente il papà gridare "sporco negro" a Balotelli durante una partita di calcio in tv? Quel ragazzino diventerà un giovanotto convinto che i negri siano da insultare! Gli esseri umani, tutti, indistintamente – uomini, donne, anziani –, sono come volpi su neve fresca. Camminando lungo la vita lasciano tracce. Sarebbe importante quindi imprimere orme buone, affinché i bambini, quelli che vengono dopo di noi, trovino piste meno pericolose possibile.

Ho iniziato a bere per aver visto bere altri. Quelli che, per me ragazzino, erano eroi forti e invincibili, bevevano. Ho cominciato a bere con loro. Prima ancora l'ho visto fare a casa mia, in famiglia, dentro le mura niente affatto protettive della mia infanzia. Si può anche iniziare a bere spinti da predisposizione genetica, ma è più raro, di solito si comincia per imitare quelli che crediamo fighi, spavaldi e sicuri. E, quando siamo ridotti come loro, scopriamo che erano soltanto poveri diavoli impauriti e fragili come noi.

Si può iniziare a bere per un milione di motivi e allora, visto che è inevitabile, meglio farlo con giudizio. Anche se è difficile che un giovane lo faccia con giudizio, giacché ingurgita di tutto allo scopo di sballare.

«Canajs, il vino va masticato» ammoniva il vecchio Celio, che di sbronze se ne intendeva. Voleva dire a noi, giovani sprovveduti, che l'alcol va preso adagio, tenuto in bocca come un pezzo di pane, insalivato, fatto girare tra i denti, valutato con la lingua. E solo alla fine, inghiottito.

Mi viene in mente il nome di Silvano, detto Silvo, eccellente bevitore. Sedeva in osteria e ordinava quarti di rosso da mattina a notte, centellinandoli ognuno almeno mezz'ora. Alla fine, dopo averne tracannati dodici, quindici, alzava le chiappe saldo sulle gambe, salutava e andava a nanna. Così per anni, finché l'età lo fiaccò e fu costretto a bere a casa. Tracannava vinaccio che noi giovani gli fornivamo a sua richiesta. Ci dava i soldi la sera e diceva: «Doman due di rosso». "Due" significava bottiglioni, ma a volte non li vedeva manco vuoti: ce li scolavamo noi. Capita l'antifona, reclutò una vecchietta magra e arzilla, bevitrice pure lei, che provvedesse alla bisogna. Quella non lo tradiva mai e, in compenso, chiedeva un po' di compagnia, quattro chiacchiere e qualche bicchiere assieme a lui. Altri tempi.

Oggi si bevono male, troppo velocemente e senza tante chiacchiere. E una volta anziani, si beve da soli, che è il passo finale verso l'abisso. Anche Silvo a un certo punto fu costretto a bere da solo, quando la vecchina andò all'altro mondo. E sempre da solo morì. La notte dei santi apostoli Pietro e Paolo, il 30 giugno del 1970, quando l'estate soffiava aria bollente sui monti e il profumo di fieno tagliato indorava il paese, Silvo capì che era finita. Tentò di uscire per respirare l'ultima boccata della vita. Ma restò impigliato dietro la porta, riverso sulle ginocchia, una mano artigliata alla maniglia, l'altra poggiata al pavimento, aperta come la zampa di un corvo. Aveva cominciato a bere da giovane, per scherzo, spavalderia nei confronti dei vecchi boscaioli, per sfida coi duri che la sapevano lunga. Quelle prime bravate attecchirono inesorabili dentro di lui e pian piano se le era portate alla tomba. E loro avevano portato alla tomba lui.

«Sti a tanaja col vin canajs, poch e adasio.» ("State all'occhio col vino ragazzi, bevete poco e adagio.") Avvertiva così il vecchio Silvo, dandoci delle dritte. Ma non esortò mai a non bere. Il suo motto era, appunto, «Bevete, ma poco e piano».

«Come si fa a bere poco dopo una certa quota?» gli chiesi una volta.

Lui, povero diavolo, non seppe cavarsela. Ciononostante, senza imbarazzo, rispose imperturbabile: «Questo devi saperlo tu, fai in base alla tua testa, altro non so dirti. Se hai testa buona farai bene, se l'hai storta ti farai male».

Avevo la seconda. Mi sono fatto male.

Quando si beve alcolici non bisogna mai farlo velocemente. Se dovessi parlare a dei ragazzi direi queste parole: "Sorseggiate adagio, possibilmente seduti, in uno stato d'animo rilassato; se siete incazzati per qualsiasi motivo e afferrate la bottiglia a mo' di scaccia ira, fermatevi subito; riflettete; non agite mai d'impulso; respirate a fondo, cercate di sorridere, allontanate con tutta la forza che vi rimane ogni rabbia. Se bevete contrariati da qualcosa o qualcuno, diventerete aggressivi e violenti andando incontro a conseguenze che possono rovinare l'esistenza".

Da giovane, una volta questionai con alcune persone che mi avevano sputtanato. La cosa finì in pochi minuti, ma mi infilai in osteria col dente avvelenato. Mugugnando, scolai un fiasco di vino. Tracannai nel livore impotente degli umiliati. Quando fui sbronzo, uscii sulla via, incrociando per disgrazia i tizi della questione. Avevo i loro volti stampati nell'astio e cominciai a minacciarli. Ma quelli erano sobri e si misero a malmenarmi – "Essere astemi è un vantaggio sleale" afferma Erri De Luca in un libro. Erano in tre. Dagli spintoni passarono ai calci. Non ci vidi più. Avevo ingoiato il rospo del risentimento mischiato alla rabbia e al vino e fu il principio del disastro. Corsi a casa, ficcai cinque colpi a pallettoni nell'automatico Franchi e tornai sulla via. Deciso a farmi giustizia, cercavo gli strafottenti. Fortuna volle che incrociassi un vecchio bracconiere che mi convinse al disarmo, altrimenti sarebbe potuta finire in tragedia.

Attenzione, quindi, non bere incazzati o per vendetta se avete subìto torti. Fermatevi un attimo. Pensate, riflettete, cercate di buttarla in ridere, sdrammatizzate, perdonate. Non è facile. Nulla è facile ma, a volte, bastano pochi secondi e si vedono le cose sotto altra luce. Quando il guaio è fatto, immediatamente arriva il pentimento ma ormai è tardi, il punto di non ritorno è superato e al guaio non si rimedia più. Quante volte, dopo aver combinato una cavolata, ci siamo detti: "Se potessi tornare indietro!". Indietro si può tornare evitando prima di andare avanti. A quel punto indietro si è già ed è salutare rimanerci. Nel bere è primo chi arriva "dietro", chi transita ultimo. So per esperienza che diventa impresa ardua dominare gli istinti quando si è pieni di alcol. Ma raccomandare almeno un tentativo di riflessione prima dello scatto fuori controllo è dovere sacrosanto. Poi, ognuno avrà la sua sorte.

Per bere evitando di fracassarsi il naso, esistono regole non scritte che possono essere utili a tutti, giacché tutti, prima o dopo, per tempi brevi o lunghi, anche una sola volta, possono imbattersi nell'alcol e diventare marionette.

Queste regole sono il prodotto delle esperienze spesso disastrose di individui dediti alla bottiglia, gente di ogni estrazione sociale che le ha inventate per farsi meno male possibile. Perciò vanno decisamente passate ai giovani, dato che sembra che i giovani abbiano deciso di bere e farsi male il più possibile. Una regola d'oro, fondata su basi rigorosamente empiriche ma funzionante, è quella che impone di prestare attenzione a cosa beviamo e in che sequenza. Spesso i ragazzi vanno in tilt dopo aver trangugiato robe varie, e soprattutto in successione errata. Mai, ad esempio, iniziare con il vino e proseguire con la birra. Guai, si finisce naso a terra. È permesso invece, ed è più salutare, il contrario: partire con la birra e terminare con il vino. Sempre dai gradi bassi passare ai più alti, mai viceversa. Questo me lo raccomandavano vecchi bevitori, quelli che ormai avevano il callo del bicchiere e, alcuni, la cirrosi epatica.

Un lontano pomeriggio di luglio tornai dalla montagna e mi infilai da Pilin, la prima osteria che mi si parò davanti. Dentro incontrai Celio, il bracconiere che viaggiava a rosso come le auto a benzina. Senza un goccio non andava in moto. Iniziammo a tracannar bicchieri – anche se devo dire che lui aveva già cominciato alla mattina. Beveva solo vino, mai una volta che l'abbia visto prendere caffè, birra, acquavite o altre robe. Solo in ultimo, poco prima della fine, scolava Fernet, Marsala, Ferro-China e altre diavolerie che, prese nelle sue dosi, avrebbero atterrato un bisonte. Lui invece era tranquillo, con l'eterno sorriso malinconico e la faccia arresa alla vita. Insomma, quel giorno non volevo dedicarmi all'alcol. Ero stanco, mi sarebbero bastati una birra e un panino. Ma Celio aveva personalità e carisma da vendere. Soggiogava chiunque. Il suo modo di esistere incuriosiva. Emanava un fascino speciale, un misto di fierezza, noncuranza e indipendenza che trascinava i giovani a fare come lui. E noi lo imitavamo in tutto, anche nel passo.

Fumavamo persino le stesse sigarette Sax, o trinciato forte arrotolato.

Quel giorno, Celio ordinò alla Cate di servirci vino rosso e io non ebbi la forza di dire di no. Allora cominciammo a buttare giù un bicchiere dopo l'altro. Al decimo, ma forse erano di più, dissi basta e ordinai birra. Celio disse: «Va gnavát a chél» ("Vai avanti con quello"), indicando il fiasco. Non gli detti retta. Ero convinto che passando alla birra, avrei alleggerito o rallentato in qualche modo la pressione alcolica che già ronzava in testa. Invece non fu così. Celio sapeva ma, visto che insistevo a chiedere birra, bofonchiò un laconico «Ràngete» ("arrangiati"), e seguitò col rosso. Io attaccai a Moretti, la mitica birra friulana che, da anni, un uomo con cappellaccio verde e baffi spioventi beve negli spot. Si rimase fin tardi. A quei tempi i bar chiudevano all'una di notte, anche alle due. Con cento lire si potevano ascoltare tre dischi sul juke-box, si era contenti così, senza pretendere altro. Quando fui pieno di vino e birra, tentai di infilare una moneta nel "giùbòss", così chiamavamo l'aggeggio. Appena alzai il culo dalla sedia finii steso sul pavimento. Picchiai il naso a terra e sentii come una martellata, dalle narici fiottò sangue. Cercavo di tirarmi su, ma non riuscivo a mettermi in piedi. Il cervello funzionava, ero lucido, però con membra disarticolate, ognuna che andava per conto suo. Ivana l'ostessa, sorella di mia madre, mi fraccò uno straccio bagnato sul muso e bloccò il sangue, avevo il naso come una patata. Celio ripeteva: «Birra e vin to sta cetín, vin e birra fathia in terra» ("Birra e vino rimani fermo, vino e birra faccia in terra"). Prima di andarsene, fissandomi con disprezzo, farfugliò: «Te l'èvet dit!». E sparì. Da allora, non ho mai più bevuto birra dopo il vino. Se vedo ragazzi che lo fanno, mi premuro avvertirli, ma spesso non mi danno retta come io non detti retta quella sera al grande Celio. Da giovani non si ascoltano i consigli di chi ha traversato i pantani prima di noi.

Come diretta conseguenza di ciò che ho appena affermato, deriva un'altra misura cautelativa, che può evitarci un sacco di guai e danni a volte anche seri, quella di bere solo un tipo di roba. Si sa che è difficile, qualche volta impossibile. In preda ad alterazione alcolica, poter decidere cosa bere è impresa ardua. Quando la sbronza è a un certo livello, possono darti cianuro e lo trangugi lo stesso. Proprio per questo occorre dare alcune dritte, possibilmente messe nero su bianco, al fine di addestrare i giovani al "buon" bere, al consumo cauto e sicuro.

Mi rendo conto che con queste pagine rischio di essere accreditato come un Satana che induce gli innocenti in tentazione. Critica che verrà dai soliti soloni demagoghi che vogliono salvare i ragazzi dicendo loro di non bere, di non fare questo, di non fare quest'altro, e di usare il preservativo quando sanno benissimo che, per la massa di categorie meno abbienti, comprarne una scatola è pressoché impossibile. Allora mi spingo oltre nello scandalo, dicendo che già nelle scuole elementari bisognerebbe mandare degli esperti di alcolismo a dare dritte ai ragazzini che in futuro inevitabilmente si confronteranno con l'alcol. Bisogna insegnare di tutto a questi bimbi che ancora ignorano tutto, specie sui pericoli che possono incontrare un giorno bevendo a casaccio. Istruirli sui rischi che comporta l'alcol, indottrinarli su come bere, quanto e che cosa. Con questi accorgimenti non si elimina certo il problema, ma sicuramente qualche giovane subirà danni più lievi, soffrirà e farà soffrire un tantino di meno.

Tornando ai consigli, sarebbe opportuno, dicevo, non solo stare attenti alla progressione alcolica, ma anche a bere un solo tipo di roba. Non vi è peggior rischio di avere effetti imprevisti, compiere azioni balorde e trovarsi in stati simili a follia, che quello di mischiare diverse qualità di alcolici. Ho visto scene da spavento, gente farsi male e far male agli altri per aver ingerito porcherie di ogni tipo. Se si comincia a birra sarebbe saggio finire a birra. Se partite a vino, concludete a vino. Date retta a chi ci è passato.

C'era un bevitore mitico, Giuán de la Fùja, che consumava solo bianco. E mai freddo, nemmeno d'estate. Non tollerava vino gelido. Diceva che procura mal di stomaco e "incioca prima", cioè fa salire la sbronza in anticipo sui tempi. Giuán era la dannazione degli osti, a luglio e agosto arrivava a richieste paradossali che sembravano una presa in giro. Se gli capitava in mano un vino troppo freddo, chiedeva serio serio alla Sabina, l'ostessa del bar Stella, che glielo scaldasse un poco, come quando si fa il brulé. Al che la signora lo mandava a quel paese senza tante storie. Ma lui non demordeva, seguitava a insistere finché otteneva l'agognato riscaldamento. Se gli andava buca, ché la donna aveva altro da fare, Giuán fasciava il bicchiere con i palmi delle mani e lo teneva così per lungo tempo finché il vino non si intiepidiva un poco. D'inverno, a casa, beveva vino quasi bollito, mai con zucchero, spezie o altre diavolerie. Affermava, tra le risa divertite di noi giovani, che anche l'acqua andrebbe bevuta tiepida. Durante i pasti, per digerire meglio, addirittura bollente. Così diceva e faceva Giuán. Conosceva e predicava teorie che gli passavano in testa, ma di acqua ne beveva poca. Era nato nel '10, faceva il boscaiolo. Vedovo e senza figli, s'era dato al bere. Alla fine, lui che fu cultore e apprezzatore del caldo, morì nel gelo, una notte di gennaio dell'85, assiderato sulla panca di casa. Mezzo bottiglione di bianco, ghiacciato anche lui come un blocco di ferro, gli stava accanto, infilato in un secchio. Quell'inverno ci fu gran freddo, in certe giornate si arrivava a meno venticinque, un po' di vino caldo non gli bastò a schivare l'inferno. Ma forse quella notte Giuán dall'inferno uscì.

Cosa ha lasciato su questa terra il vecchio boscaiolo a sua memoria? Niente, solo un insegnamento da tener d'occhio. La raccomandazione, data con l'esempio, di non bere mai liquidi ghiacciati. E la speranza di avere un po' di legna e un po' di compagnia, negli inverni rigidi dell'esistenza.

In merito a bevande ghiacciate, ho un ricordo piuttosto "gelido" di alcune birre che mi crearono problemi. Un pomeriggio lontano d'agosto, ero appena sceso dalla vetta del monte Duranno, il gigante che s'alza poderoso, con i suoi 2700 metri, al termine della Val Zemola, in quel di Erto. Faceva caldo e mi fermai per una birra al rifugio Maniago, gestito con simpatica larghezza di vedute dall'amico Antony Machéra. Ne trangugiai tre, belle ghiacciate, una dopo l'altra. La quarta non scese. Prese a girarmi la testa, le gambe s'ammollarono come gomme da masticare. Sudavo freddo e mi pareva che la morte circolasse attorno a me. Dissi a Toni che non sentivo neanche il battito del cuore. «Congestione» sentenziò. E mi propinò un bicchiere di Fernet pieno di ghiaccio. Peggio! Cominciai ad avvertire segnali di pericolo dal mio corpo e allora decisi di alzarmi e camminare per scatenare qualche reazione. Presi la via di casa. Deambulare mi riusciva difficile. Avevo gambe di ricotta e quel preoccupante sudore gelido misto a tremarella. Andai avanti di pura volontà, sentivo che se mi fossi arenato sarebbero arrivati guai più seri. Il rientro fu un calvario interminabile. Ogni pochi passi dovevo fermarmi a riprender forze. "Basta birre gelide!" mi dicevo. Ruminavo pensieri e paure convinto di non farcela ad arrivare a casa. E in rifugio di certo non sarei riuscito a tornare. Finalmente, dopo sei ore di strascinamenti quando a norma ne basta una di passo normale, entrai in casa e mi buttai a letto.

Giorni dopo, domandai all'ertano Paolo Gallo, grande medico nonché alpinista e studioso di montagna, morto centenario, da cosa fosse dipeso il mio inciampo. Volle i dettagli. Palesai le birre ghiacciate e un ritorno tribolato. Concluse che avevo rischiato parecchio e il fatto di aver camminato mi aveva forse evitato un collasso assai più grave.

Da quella volta, anch'io come Giuán, mai più bevande gelate. Questa regola dovrebbe essere tenuta sempre a mente da giovani e vecchi. Mai bevande gelide, anche quelle non alcoliche. Un pochino fresche sì, ghiacciate mai.

Un'altra regola buona per reggere l'alcol a lungo è di non berlo a stomaco vuoto. Quando uscite per serate che prevedete a elevato tasso alcolico, mangiate qualcosa: un panino, degli affettati o altro. Senza niente in pancia, gli effetti sono immediati, vengono subito a mancare forza alle gambe e lucidità di pensiero. Se vi trovate in un locale e decidete di bere, accompagnate i liquidi con qualche crostino o patatine, arachidi, quello che c'è. Se al bancone non vi è nulla, chiedete che portino qualcosa, oppure uscite, andate a procurarvi il necessario. Cercate roba a contenuto grasso, tipo pancetta, lardo o cose simili, che è meglio ancora. Comunque, piuttosto di bere a stomaco vuoto va bene qualsiasi cosa purché siano dosi abbastanza consistenti. Il pane va benissimo, assorbe molto l'effetto dell'alcol, e lo contiene. Se il pane è accompagnato da salumi si ottiene il meglio. Vanno bene anche biscotti, cioccolata o altro. Quando ero giovane, e sovente finivo col naso sull'asfalto a causa di troppo "canipoli", perdipiù a stomaco vuoto, un vecchio bevitore mi insegnò dei trucchi. Erano esperimenti suoi, inventati alla bisogna, soprattutto ragionando – perché era uno che ragionava –, ma non hanno alcun fondamento scientifico. Mi consigliò di bere al mattino, prima del cimento alcolico, uno o due cucchiai di olio d'oliva. Siccome l'olio rimane sopra l'acqua e ai liquidi in genere, era convinto che premesse giù anche il vino e domasse un poco, o quantomeno ritardasse, gli effetti della sbornia.

«Comunque sia, male non fa» concluse quell'uomo solitario che viveva il suo vizio ragionando.

Avendo capito che dal bere non sarebbe mai uscito, cercava di limitarne le conseguenze con accorgimenti empirici che, per effetto placebo o perché funzionavano sul serio, un pochino lo tenevano in piedi. Da quel giorno ormai remoto, che tracanni o meno alcolici, tutte le mattine prima d'iniziare la giornata, bevo un cucchiaio di olio extravergine di oliva, a volte anche due. Se proprio non aiuta nella sbornia, almeno protegge la flora intestinale oltraggiata dal primo caffè a stomaco vuoto. Nemmeno il caffè andrebbe bevuto senza prima aver ingerito qualcosa che prepari il terreno. Niente di corrosivo andrebbe buttato nello stomaco senza prima avergli preparato una pellicola di isolamento.

Ricordo con qualche brivido gli anni ruggenti di gioventù, che sarebbe meglio definire "raglianti". Anni ricchi di stupidaggini e bravate prodotte a quantità industriali per sentirci uomini, imitare gli adulti, fare i duri come loro che in realtà erano lardo. Siccome i vecchi boscaioli, le vecchie guide, i vecchi pastori, i bracconieri, insomma i vecchi tutti, alla mattina bevevano il "cicchetto", vale a dire mezzo bicchiere di acquavite, anche noi dovevamo bere il cicchetto. Prima di andare al bosco, l'adunata era in qualche osteria, per organizzare il lavoro. Eravamo poco più che adolescenti. Chiaramente ci si trovava al cospetto di questi uomini induriti dal tempo, abbrutiti dalla vita. Loro sì che bevevano cicchetti come fossero acqua limpida! Noi si guardava.

«Ce beéo canajs?» ("Che bevete ragazzi?") chiedevano.

«Un cichét» era la risposta. E giù acquavite a stomaco vuoto.

Quante volte, specie d'inverno, avrei preso volentieri una cioccolata calda o un cappuccino e invece, per non apparire fighetto, ordinavo la grappa. Gli adulti non perdonavano, né avevano pietà. Se non bevevi come loro eri una donnetta, una nullità. Così, dài oggi dài domani, mi trovai a chiedere cicchetti senza neanche rendermene conto, e meno ancora mi rendevo conto che stavo pian piano entrando nella dipendenza. La dipendenza è molto subdola. Forse è la cosa più furba e subdola che un uomo possa incontrare sul cammino. Si presenta schiva e lontana, all'inizio ti chiede solo una bravata. Nasce così la prima sbornia, il giorno dopo si sta male, gira la testa, sale il vomito, partono giuramenti saldi come ghisa: "Mai più". Invece succede. La seconda sbornia può arrivare dopo mesi, forse addirittura un anno, ma state certi che arriverà. Presa la prima ciucca, la verginità è perduta. E nonostante si stia male, in noi rimane comunque qualche ricordo gradevole. Dopo un periodo di rifiuto, la tentazione di riprovare torna a premere. Si aspetta soltanto l'occasione. Che non tarderà a metter fuori il muso. Poi le occasioni s'infittiscono perché un giovane le cerca e cercandole le crea.

Quando iniziai a bere ero molto giovane, un ragazzino, e capitava di rado. Oltre che con mio padre, trincavo anche con mio nonno. Il vecchio mi dava vino perché facessi il sangue forte. Così diceva, sangue forte. Poi, adolescente, acquistai metodo, bevevo nelle grandi occasioni, feste, cose importanti, sagre, nascite, funerali e via dicendo. Più grande, verso i diciotto, decisi di concedermi alcol solo sabato e domenica. Per anni, molti anni, sono andato avanti con questa regola: lavoravo alla cava di marmo fino a sabato pomeriggio, poi veniva la disfatta. Calavo dal monte dei dannati ed era sbronza. Nei giorni comandati, astinenza assoluta, nel fine settimana vino a volontà. L'alcol mi dava coraggio, allegria, stima di me stesso e perciò entusiasmo. L'alcol mi dava tutto. Fingeva di darmi tutto. In questo modo, concedendomi a "canipoli" solo nel fine settimana, pensavo, credevo, o forse ero convinto, di poterlo controllare, dominare. Così fu per molti anni.

Poi successe che anticipai la bevuta al venerdì. Era il primo segno che l'aria stava cambiando, qualcosa s'avvicinava. S'avvicinava la dipendenza. A passi impercettibili la signorina subdola avanzava. Ma ancora era distante da me... Ecco, la dipendenza è proprio questa: ritenere di non essere dipendenti. E lo si crede fino alla morte. Provate a dire a uno che beve: «Mi sa che bevi troppo». Vi risponderà di no, negherà cocciutamente. E non perché vuol mentire. Perché ne è convinto. Questa è la dipendenza: negarla, sicuri che non ci sia. I giovani, come ero io allora, sono certi di gestire l'alcol, di scherzarci sopra, di prenderlo alla leggera, come una bravata saltuaria che non comporta rischi. Quando s'accorgono che il rischio invece c'è, spesso è troppo tardi. Ho conosciuto un bevitore all'ultimo stadio, che stava male tutti i giorni. Gli dissi di andare all'ospedale e farsi curare. Mi rispose che era colpa di quel maledetto vino. Annuii, contento che finalmente avesse capito. Invece, molto laconico, disse che da lì in avanti avrebbe cambiato tipo di vino. Tre anni dopo morì.

Un altro bevitore indefesso del quale fui amico, verso la fine della carriera alcolica venne preso da manie persecutorie. Per queste manie, baruffava sovente con gli osti che avrebbero voluto farlo internare. Dissi loro di lasciarlo in pace, poiché era già in prigione da tempo. Mi ascoltarono, ma continuarono a subire mal volentieri le sue invettive. In ultima se la prendeva con tutti, anche con me, e il bello era che se ne rendeva conto. Iniziò così a giustificare quei comportamenti imputandoli al tipo di vino che gli versavano nelle varie osterie. Quando lo invitavo per un bicchiere al bar, diceva «no, lì ti danno un vino che fa baruffare». Così diceva. Dài e dài, riuscii a convincerlo che in una certa bettola il vino faceva cantare anziché litigare. Allora andavamo sempre in quella e parve stare meglio perché cantava. Però voleva che cantassi anch'io. A quei tempi ero giovane e quando bevevo cantavo volentieri, perché mi piaceva. Oggi non canterei più, allora sì. Però alla fine il mio amico baruffò anche in quella osteria perché, a causa del vino, la sua testa era scoppiata liberando il baruffante che teneva rinchiuso. Gli chiesi come mai attaccava briga anche lì. «Mi han cambiato vino» rispose. Preciso che non mangiava nulla perciò andava in balla subito.

Insomma, ragazzi, se dovete proprio darvi al bere e prendervi la sbornia, seguite almeno queste dritte. Ad esempio, lasciate perdere il più possibile amari in genere o altri digestivi di rito che, nelle pubblicità, vi promettono dinamismo e imprese portate al successo. Un bicchierino di quella roba può darsi faccia bene, forse anche due, e dopo? Se continuate con gli amari finirete al tappeto molto presto. Se invece ne bevete solo uno o due e poi passate al vino, alla birra o altro, è peggio ancora. In quel caso si fa miscuglio e non funziona. Senza contare che troppi amari corrodono lo stomaco più che l'acquavite e il giorno dopo vi sveglierete col fuoco dentro, un fastidioso senso di vomito e acidità brutale.

Una volta, molti anni fa, con un amico che non c'è più, mi sbronzai di Fernet. Avevamo arrostito un filetto di cervo e, dopo una robusta mangiata, andammo da Pilin per il digestivo. Un Fernet, appunto. Da uno furono due, un giro a testa. E poi tre, e poi quattro e avanti. Alla fine ce n'eravamo scolate due bottiglie. Era verso sera e sentivamo amplificarsi i rumori. Il minimo suono diventava enorme, quasi insopportabile. Da Pilin uscimmo per cambiare osteria. In quella che infilammo c'era una gabbietta appesa al muro con dentro un canarino. Faceva *pit* perché era nella sua natura fare *pit*, o forse perché lì dentro non gli restava altro da fare. Quel tenue *pit* mi rombò nelle orecchie come il ghigno di un mostro. Aprii la gabbietta, tirai fuori l'uccellino e lo mangiai vivo con piume, zampe e becco.

Anche questo succede con una bottiglia di amaro. In quel caso Fernet, ma sarebbe capitato lo stesso con altri. Si diventa matti e i rischi che seguono sono tanti. Con un litro di buon vino, invece, tutto ciò non accadrebbe.

C'era un uomo che conoscevo bene e che molti di noi ricordano. Beveva solo amari da mattina a sera. Quando morì, non aveva sessant'anni. Si vantava che, a lui, quella roba non faceva niente, poteva berne quanta ne voleva. Finì presto. Nessuno può battere l'alcol se non eliminandolo. Ma l'alcol ti fa credere che lo domini e non serve eliminarlo perché non ti fa niente. Così ragionò l'uomo degli amari. E morì.

Anche la grappa va tenuta d'occhio. Molto. Se un dito di grappa può aiutare a smaltire una sostanziosa mangiata, come del resto può fare un amaro (se pur questi aiuti non sono del tutto provati), molti bicchierini mandano al tappeto. E, mi raccomando, ricordatevi di lasciar perdere lo stile western, non trangugiate la dose tutta d'un fiato. Cinque o sei bicchierini, ma anche quattro o tre, versati in gola d'un sol colpo, per un po' danno l'impressione di tenere. Ma poi, quando vanno in circolo all'improvviso e tutti insieme, sono guai. Si cominciano a sentire ronzii, la gente intorno gira come se ballasse, la vista si annebbia e si cade giù. Pensate se poco prima di quei sintomi, uno si mette al volante di un'auto.

Lasciate perdere i superalcolici, la grappa in particolare. La grappa picchia forte, più ancora del cognac o del whisky o del rum. È la cenerentola dei gradi alti, spesso messa al bando (tranne la Nonino) dai salotti buoni a favore di liquori più nobili. Per questo quando le capita a tiro uno sprovveduto si vendica. Specie se giovane e inesperto. A parità di gradi, l'acquavite stende prima chi l'affronta in dosi maggiori del dovuto. Maggiori del dovuto significa dal terzo bicchierino. Vale sempre la regola di bere adagio, ma con troppa grappa anche quella saggia pratica va un po' a farsi benedire. Eppure sembra così innocente la grappa, pura, limpida, semplice come acqua pulita.

Tre volte, nella mia carriera di bevitore – forse quella dove ho brillato di più –, sono stato messo ko da miss acquavite. Due all'Aquila, città rasa al suolo dal terremoto e poi lasciata rasa dall'incapacità politica di zelanti burocrati buoni a nulla. Ero appena arrivato alla caserma degli alpini, dove avrei passato tre mesi d'iniziazione alle armi, periodo in gergo chiamato CAR, che vuol dire Centro Addestramento Reclute. Lì, alcuni sottufficiali piuttosto imbranati mi insegnavano a sparare col fucile Garand in dotazione all'esercito. Non sapevano che fin dalla tenera età andavo a caccia con mio padre e tutti i bracconieri della Val Cellina, e i fucili li conoscevo e li usavo molto bene. Neanche a farlo apposta, adoperavo proprio un Garand di mio zio. Quando s'accorsero che colpivo meglio di loro, si sentirono umiliati. Durante una pausa, uno dei sottufficiali mi porse un bottiglione da due litri pieno fino all'orlo: «Vediamo cosa sai fare con questa» disse. Era grappa portata da una recluta friulana. Bisognava salvare la faccia, ma solo i coglioni la salvano a quel modo. Mi attaccai al bottiglione e cominciai a tirare. E tiravo, sorso dopo sorso, senza smettere. E non avrei smesso se uno dei due, preso dal timore che crepassi, non me lo avesse tolto di mano con un "basta". Ma ormai ne avevo buttata giù troppa. Dopo un quarto d'ora finii disteso e mi svegliai in branda dove mi avevano trascinato onde evitarmi guai.

Sempre lì all'Aquila, e sempre in caserma, fui sfidato a bere un gavettino di acquavite da un quarto di litro. "Berlo così son capaci tutti" pensai. Allora lo mandai giù d'un fiato, rischiando il coma etilico e di spaccarmi la testa nella piscina vuota, dove ero caduto senza nemmeno vederla. Poteva bastare come esperienza, invece non bastò. Una volta congedato, dopo sedici mesi di sbronze a vino tornai a imbattermi nella signora dall'abito trasparente. Nuovamente per spacconeria. Il pericolo maggiore che corrono i giovani con l'alcol, sono proprio le bevute per spacconeria. Ma, ahimè, bisogna farle per imparare e vivere per raccontarle. E allora meglio farle con attenzione se si vuole raccontarle.

Dopo la naja, ripresi il lavoro alla cava di marmo del monte Buscada. Di fronte avevo i prati di Palazza e Carmelía, lisci smeraldi verdi a 1800 metri d'altezza. Lassù ritrovai i vecchi amici, scalpellini e minatori dalla scorza dura. Gente di paese, che aveva già una cinquantina d'anni, assuefatta alle battaglie della vita, alle fatiche e all'alcol. Un sabato d'agosto venimmo giù per la festa di San Bartolomeo patrono. Un paio di quegli uomini, due scalpellini che a fargli aprir bocca ci voleva il crick, mi invitarono a bere con loro. Cominciarono a grigioverde, un misto di grappa e menta allora molto in voga. Si pagava un giro ciascuno in ogni bar, e di bar ce n'erano parecchi. Uno ciascuno voleva dire tre bicchierini a testa al colpo. Bastò fare cinque osterie e i conti tornarono maledettamente a mio danno. Capii che stavo cedendo, mentre loro si mantenevano dritti e impassibili. Ero ancora in tempo a gettare la spugna e filare a casa, ma volli tener botta. Ormai era una sfida. Quando si è giovani si vuol dimostrare agli adulti di valere qualcosa, almeno quanto loro. Il massimo sarebbe più di loro. Insomma si ingaggiano duelli. Ma bisogna scegliere armi giuste quando si sfidano vecchie volpi. Armi che loro non hanno più, come velocità, destrezza, leggerezza. Su quei piani li si può vincere. Sfidare vecchi bevitori avvezzi a ogni tipo di alcol fu un'imprudenza. Finii sotto i tavoli del bar Stella, ultimo approdo di grigioverde. Aprii gli occhi al mattino, sulla panca di casa dove mi avevano portato i due scalpellini. E quella fu l'onta maggiore, esser trascinato a baita. Tornati alla cava, mi pigliarono in giro per settimane. Da quella volta la grappa l'ho tenuta lontana dal mio vasto repertorio alcolico. Salvo qualche assaggio quando vado a Percoto per il premio Nonino, oggi non bevo acquavite. Bevo acqua senza vite.

Ricordo un altro bevitore indefesso che non sapeva né leggere né scrivere e nemmeno stare zitto. Forse uno degli ultimi analfabeti degli anni Sessanta. Non gradiva altro che grappa, e bisogna dire che la teneva bene. Beveva bicchieri colmi fino all'orlo, solo acquavite. Anche quella clandestina, detta "sgnapa da truj", distillata con empirici alambicchi nelle stalle, una roba micidiale che solo a guardarla provocava cirrosi istantanea.

Questo grappista di circa cinquant'anni si chiamava Ricardo Fèbrége. Ricardo, con una "c", amava segnalare. Aveva una segheria sulle rive del torrente, per questo era nominato Fèbrége. (In dialetto le brége sono tavole di vari spessori ricavate segando i tronchi per lungo.) Ricardo Fèbrége era un povero diavolo che offendeva tutti, un uomo finito prima di essere cominciato. Era convinto e strasicuro che nessuno come lui reggeva l'acquavite. Menava vanto in ogni occasione di quel supposto pregio, come fosse dono del cielo. E sfidava tutti a chi ne beveva di più. Ma essendo tutti più furbi di lui, nessuno cedeva a quei duelli cretini. Finché una volta trovò qualcuno che accettò. Una pastora della Val Mistrona, di cui diremo più avanti, raccolse la provocazione. La donna non si tirava indietro di fronte al vino, ma della grappa faceva volentieri a meno. Aveva preso batoste sonore dalla ninfa trasparente, per questo la evitava. Ma in quel caso c'erano in ballo l'onore e il riscatto del gentil sesso con il tracotante e sciocco Fèbrége, e volle provarci. Si trovarono all'osteria Pilin, dove la grappa vegliava sotto il banco in bottiglioni. Seppur consumatori di minori quantità, di Fèbrége ce n'erano tanti in giro. Tutti al mattino bevevano due cicchetti, e un paio dopo mangiato e due prima di coricarsi e altri in altre occasioni. Insomma, la grappa esisteva e andava bevuta.

Fèbrége e la pastora iniziarono la sfida. Bicchieri di acquavite uno dopo l'altro. L'ostessa teneva i bottiglioni sotto il bancone, perché era roba di contrabbando. Ogni volta si chinava a riempire due bicchieri e poi li posava sul piano, mentre i contendenti trangugiavano quelli che già avevano. Avanti così. Dopo una decina, il segatore di brége iniziò a farfugliare. La donna no. Impassibile, mandava giù la dose e aspettava l'altra. Dopo un po' Ricardo Fèbrége vacillò. Ma tenne botta, controllò la sbandata e si assestò a gambe larghe per cercare maggior equilibrio. La pastora lo squadrò e disse:

«Starai mica mollando?»

Fèbrége bofonchiò qualcosa che si capì a malapena. «Putana!» disse con una "t" soltanto. Andarono avanti ancora un'oretta. All'improvviso, tra il cavallo dei pantaloni di Fèbrége e le cosce, s'allargò una macchia. Si stava pisciando addosso.

«Che fai» disse la pastora, «ti pisci sotto?»

Fèbrége alzò il pugno brandendo il gotto di acquavite per spaccarlo sul muso della donna, ma non ci riuscì. Rovinò in terra di schiena, tra sedie e tavoli e la piscia della sua tracotanza. La pastora strinse la mano all'ostessa. Insieme avevano dato una bella lezione a un idiota che si credeva Dio. Accordatesi in anticipo, la donna aveva disposto sotto il bancone due bottiglioni: uno di acqua, l'altro di grappa. Alla pastora mesceva il primo, al povero fesso il secondo. Così si fece stendere Ricardo Fèbrége, uno pieno di sé che oltre a non saper stare zitto, a non saper rispettare il suo prossimo, non sapeva nemmeno leggere e scrivere. Né parlare. Così finiscono gli sciocchi che non sono mai cominciati. Perciò, ragazzi, niente sfide cretine a base di alcolici. Quelle si nutrono di orgoglio, onore, cocciutaggine, ingredienti che sommati all'alcol portano a conseguenze spesso irreparabili. Come minimo il coma etilico. Ma anche incidenti con le auto, capitomboli, essere investiti per strada, rotolare dalle scale e, per le ragazze, il pericolo di subire violenza. Mai perdere il controllo completamente o sono guai. Far durare la roba nel bicchiere significa sorvegliare la sbornia, padroneggiarla, tenerla in bassa. Con le sfide a chi beve di più, questo non succede e si finisce male.

Un'altra regola che dovreste tener presente per non farvi troppo male, cari ragazzi, riguarda il whisky.

Tutte le cose di questo mondo, se prese in piccole dosi, non fanno male, nemmeno il veleno. Da non intendere, però, piccole dosi in numero esorbitante. Come quel mio amico con problemi di salute, al quale il medico aveva permesso di bere un dito di whisky ma non di più. E lui ne beveva davvero appena un dito sul fondo del bicchiere, ma lo faceva di continuo, da mattina a sera. Alla fine di ogni giornata si era scolato una bottiglia.

Il whisky andrebbe bevuto così com'è, al naturale, senza ghiaccio. Cultori ed estimatori del nobile distillato storceranno il naso al consiglio di evitare il ghiaccio. Ma il ghiaccio rende il liquore gelido, coi rischi di cui abbiamo già detto. E poi, troppo ghiaccio disperde il sapore originario, caldo e morbido, del buon whisky. Ma pericoloso assai diventa quando lo si beve mischiato a Coca Cola. I giovani amano parecchio questo tipo di miscuglio che, devo dire, è molto gradevole. Lo so per esperienza e tra un po' ve la racconto. Whisky e Coca diventano una bevanda piacevolissima che va giù come niente fosse, senza neppure accorgersene. Il liquore tagliato perde molta della sua forza, brucia meno a ingerirlo, la Coca lo rende dolce e mai più si finirebbe di berne. Anche perché quel miscuglio lì è fenomenale a rallentare la sbornia.

Con whisky e Coca non si è mai ciucchi. O almeno sembra. Si conservano per un po' di tempo discreta lucidità e controllo, ma alla fine tutto viene al pettine. All'improvviso la mistura va in circolo, ma di botto, come un colpo di pistola, e si parte per la tangente. Attenzione, quindi, alla falsa illusione che whisky e Coca Cola ubriachino meno. Non è vero, ubriacano adagio. La sbornia viene fuori a scoppio ritardato, ma quando si palesa è difficile tener salde le briglie. Certo, se uno vuol sballare, se l'obiettivo primario è uscir di senno, le pagine qui raccolte lo faranno ridere. Invece non c'è niente da ridere. Mai si dovrebbe perdere il lume della ragione, la conduzione, seppur fioca e annebbiata, della volontà di decidere e operare. Bevendo bene ci si può divertire senza rischiare troppo. Insisto e insisterò sempre che meglio di ogni altra cosa sarebbe non bere. Oppure bere un solo tipo di roba e andare avanti con quella. Il vino è l'ideale, rosso di preferenza, ma poi ognuno segua i suoi gusti. Quelle brodaglie di miscugli e novità sono la rovina della salute e un serio pericolo per l'incolumità fisica.

Qualche anno fa, quando ancora bevevo quel che trovavo, o che mi davano, o che andava di moda, mi recai in una discoteca a Pordenone con Icio Protti, l'amico buono di Cimolais. Se eravamo finiti laggiù e in quel posto, significava che avevamo buone intenzioni. Nel locale c'era un frastuono che a malapena ci si capiva urlando, perciò non restava altro che mettersi a bere. Icio attaccò a vino, come al solito. Fui subito circondato da una banda di giovanotti che mi invitarono a bere con loro. Presi posto a un tavolo e ordinai un rosso, ma questi dissero che ero antiquato e che per uno come me ci voleva whisky. Whisky e Coca Cola, specificarono. Dettero pure un nome a questa brodaglia e dopo un po' me ne vidi arrivare un bel bicchierozzo. Assaggiai. Era buonissimo perciò lo mandai giù in quattro sorsate. Poi pagai un giro io, e poi uno a testa lo pagarono loro, che erano più di una dozzina. E poi ripresi il turno io e avanti così, sempre seduti e quasi in silenzio a causa del frastuono.

Alle tre del mattino eravamo ancora lì a bere whisky e Coca Cola. Icio andava avanti a vino con una tipa seduta sulle ginocchia, che se non gli fracassò le ossa col suo peso fu un vero miracolo. Alla fine mi accorsi che questi ragazzi cominciarono a dare i numeri. Si alzavano per andare al bagno barcollando vistosamente e poi andavano giù, cadendo sul pavimento. Qualcuno si accasciò più pesantemente. Due vennero alle mani, uno scagliò un tavolino contro il rivale. Ma non successe null'altro, erano talmente sfatti che si addormentarono dopo il primo lancio. Seguivo l'andamento della nottata tranquillo e lucido, come se avessi bevuto acqua. Eppure avevo trangugiato un bel po' di quella brodaglia. Almeno quanto i giovanotti, perciò mi meravigliai dei loro capitomboli. "Non sanno proprio reggere" pensai. A un certo punto però, ebbi necessità anch'io di andare al cesso. Erano ore che stavo seduto a mandar giù quella gradevole porcheria. Sbirciai Icio, che ancora teneva imperterrito la balena sulle ginocchia e mi alzai. Non feci molti metri. Le gambe cedettero di botto, la testa era lucida ma faticavo a stare in piedi. Senza rendermene conto, decollai verso gli altri avventori. Cercai di reggermi accelerando i passi ma, ormai fuori equilibrio, non ottenni che aumentare la velocità. Finché atterrai fra i tavoli rovesciandone un paio e travolgendo alcune coppie con relativi beveraggi. Provai ad alzarmi, ma era come fossi senza gambe o avessi una montagna sulla schiena. Allora rimasi a terra, lucido di mente e privo di forze. Qualcuno poi mi sollevò adagiandomi su una seggiola, altri chiedevano se mi fossi fatto male. Risposi come Celio quando cercarono di tirarlo in piedi da una cunetta dove era finito per la sbronza: «Tutto procede bene» esclamò. Io lo stesso. Icio guardava. Poi scaricò l'enorme sirena dalle ginocchia, raccolse il mio peso, mi ficcò in auto e si tornò a casa. È dieci anni più giovane di me, il mio amico Icio, ma in quel caso non poté esimersi dal buttarmi in faccia un saggio consiglio: «Sei un coglione» disse, «che vai a bere porcherie? Devi bere vino, come faccio io». Furono le ultime parole che ascoltai prima di cadere in un sonno molto vicino al coma etilico.

Quindi ragazzi, per quanto vi è possibile, evitate quei beveraggi misti che, è vero, fanno sballare, ma i postumi sono molto più tosti che non sballando a vino. Con quella roba lì, il mattino dopo avrete la testa di piombo e, se non siete fatti di ghisa, vi farà male tre volte tanto che se aveste assunto vino. Non parliamo dello stomaco che si contorcerà come un verme tagliato dal badile. Poi arriveranno i conati di vomito, solo che dal fondo non verrà su niente, se non un liquido verdastro che fa paura a vederlo. In quel caso, almeno con me funzionava, potrebbe essere utile un Alka-Seltzer per calmare i sintomi. Se persistono, provate a ingerire un frullato di mela o un succo, sempre di mela. Ottima è pure dell'acqua bollita con molto zucchero, bevuta più calda possibile. In molti casi va bene una doccia fredda, ma non in presenza di vomito. Prima si fa scorrere l'acqua appena tiepida per adattarsi, poi via quella gelida, cercando di resistere più possibile, almeno un minuto, un minuto e mezzo. Da giovani, dopo le sbornie colossali ci si buttava sotto le cascate del Pissandol, in Val Zemola, oppure dentro la Valle del Vajont. Era stato Celio a suggerirci questi metodi empirici, che però su qualcuno funzionavano e quando funzionavano si stava subito meglio. Forse era la reazione del corpo, degli organi interni che si ribellavano all'insulto dell'acqua gelida dimenticando così i malesseri dell'alcol per tener d'occhio quel nuovo pericolo. Ripeto ancora una volta, questi sistemi non hanno alcun fondamento medico-scientifico, alcuni probabilmente sono soltanto di effetto placebo però, se il fine giustifica i mezzi, perché non provare? È chiaro che la soluzione sarebbe di non bere, ma allora non saremmo qui a raccontare e cercare di uscire abbastanza indenni dall'alcol e dal fatto che si beve troppo e male.

Il mattino dopo la sbronza, sarebbe opportuno osservare un giorno di digiuno, salvo qualche centrifuga di frutta o meglio ancora succo di limone. Senza mangiare si evita di caricare ulteriormente di lavoro il fegato, che già è stato abbastanza maltrattato dalle libagioni. La regola che i vecchi bevitori m'insegnarono da giovane la sconsiglio, ma devo dire che funziona. Funziona però con un rischio che a volte è peggio della cura. I vecchi alcolisti dicevano che al mattino dopo la sbornia, per far sparire i postumi, occorre bere un quarto di vino bianco. Sottolineavano che doveva essere bianco. Era una specie di cura omeopatica ante litteram e inconsapevole, ma funzionava. Il veleno si combatte col veleno. Così, dopo le ciucche, al mattino si beveva un quarto di bianco e si stava subito meglio. A me piaceva sperimentare e molte volte ho usato il rosso e funzionava lo stesso. Ma c'è un ma. Può succedere che al mattino dopo la sbornia, uno non sia ancora sobrio del tutto e allora, se beve un bianco o un rosso, addio! Gli piomba addosso un improvviso stato di euforia che lo porterà di nuovo a cercare da bere. Quante volte mi sono trovato a tirare avanti la balla dopo il bicchiere che doveva farmi star bene e mettermi al riparo. Attenzione, quindi, alla regola dei vecchi bevitori. Se uno è veramente scafato e se ne intende, può beneficiare del bicchiere omeopatico, altrimenti la cura risulta più subdola della malattia.

E a questo proposito ricordo di nuovo la pastora che stese l'analfabeta Ricardo Fèbrége. Conduceva il suo gregge sui pascoli alti, quando intorno soffiava la bella estate e il sole scaldava i prati e i cuori della gente. Veniva giù con l'asino per le provviste ogni sei giorni, e ficcava nelle sacche sette bottiglioni da due litri di vino rosso e un litro di grappa per la scorta settimanale. Entrava al mattino presto nell'osteria e ordinava un bicchiere. Poi si arrotolava una sigaretta e l'accendeva. Legato fuori, l'asino aspettava con pazienza. Aspettava la padrona e il carico. Era una che sapeva bere, la pastora. Metodica, lenta, silenziosa. Beveva solo vino rosso. Difficilmente andava in balla. Si fermava prima. Gestiva bene la dipendenza ma senza vino non riusciva a stare. E raccomandava a noi giovani di bere solo rosso. Cinquant'anni mal portati, piuttosto bassa, tracagnotta, gambe grosse a furia di salir montagne. Braccia muscolose e un viso rubizzo che tra le rughe rivelava una lontana perduta bellezza. Veniva da paesi remoti, paesi che da sempre avevano fornito pastori all'antica arte della transumanza. Ora non più, quei posti non danno più pastori.

Un'estate tornava dai monti della Carnia per salire ai pascoli di Bregolina Grande e Roncadìa. Veniva per la valle a mezzodì sotto il sole torrido d'una giornata d'agosto. Faceva camminare il gregge lungo il greto in secca della Cellina, per evitare le automobili. Era senza un goccio di vino e tribolava. A un certo punto s'imbatté in quattro villeggianti che facevano uno spuntino seduti sulle bianche pietre cotte dal sole. Erano due uomini e due donne; mangiavano e s'abbronzavano. La pastora adocchiò le bottiglie. I villeggianti presero ad ammirare il gregge. La donna si avvicinò al gruppo chiedendo scusa per l'intrusione. Poi disse queste parole: «Datemi un po' di vino, che i sassi bianchi della Cellina m'han bruciato gli occhi». Mai richiesta di un goccio fu così poetica.

La donna frequentò ancora un po' di anni le nostre valli, poi un'estate non la si vide. E non tornò più.

Nessuno sa dove sia finita, se è viva o morta. Forse è meglio non chiedersi dov'è, e ricordarla come allora, quando veniva da queste parti e nelle osterie raccomandava ai giovani di bere solo vino rosso. Riprendendo il suo saggio consiglio, anch'io dico di preferire il rosso al bianco. Casomai si può iniziare con un bianco o due e poi basta, perché il bianco rende molto nervosi, lo si digerisce male e fa torcere le budella il giorno dopo. È chiaro che molti sono predisposti al colore chiaro del vino e che bevendolo non crea loro nessun disturbo. Ma è sulla lunga distanza che produce corrosione. Voglio chiarire che in dosi esagerate fanno male entrambi e lo stesso vale quando si beve per anni. Qualsiasi alcolico assunto a lungo e in dosi consistenti provoca lesioni irreparabili. Al cervello, al fegato, al pancreas e via dicendo. Ho visto tanti amici, direi troppi, andarsene ancora giovani. Alcuni non arrivavano a trent'anni, altri sotto i quaranta, alcuni a sessanta o giù di lì. Persone che avevano cominciato a bere adolescenti, per fare i bulli, per spacconeria, convinti che la prima fosse anche l'ultima bevuta. Convinti di scherzare, di prendere in giro l'alcol come fosse un inetto, un buono a nulla.

"Che vuoi saperne tu pidocchio? Io di te mi faccio un baffo. Oggi ti ho conosciuto, domani ti piglio a calci in culo, non credere di farti amico."

L'alcol ascolta gli insulti e tace. Sogghigna, sa che ci ha già in pugno.

L'alcol tace. L'alcol non risponde alle provocazioni. Se ne sta impassibile. Sa che il giovane, dopo la prima sbronza, se lo scrollerà via con un "basta!". Ma all'occasione tornerà a cercarlo. È una vipera, l'alcol, una volta che ti ha morso ne porti il ricordo a vita. E i ricordi tornano. Usa lo stile di chi tace, di chi non si propone, se ne sta nascosto, non sbraita e nemmeno fiata. Uno così incuriosisce e lo si va a cercare. Il morso dell'alcol rimane, e ogni tanto pizzica. Come una vecchia frattura che duole al cambiar del tempo, il ricordo della prima sbornia, in alcune occasioni, torna. Vuoi per entusiasmo o per malinconia, il giovane a un certo punto se lo riprende. L'alcol si fa riprendere. Sempre. E così molti amici se ne sono andati ancora giovani, convinti di scherzare col morso del subdolo serpente. Alcuni, quando capirono che l'alcol faceva sul serio, cercarono di correre ai ripari, ma era troppo tardi. Già con la prima sbornia è troppo tardi, ma da lì si può ancora tornare. Dopo è più difficile. Molto più difficile. Però, con un po' di cautela e molta volontà, si può gestire l'alcol senza che questo l'abbia vinta.

Ricordo un amico che, tramite la meravigliosa associazione degli Alcolisti Anonimi – che Dio la benedica –, riuscì a cavarsi dall'alcol per il rotto della cuffia. E per diciassette anni non toccò una goccia, dico una sola goccia di vino. Ma era stato morso dal serpente e ne portava il ricordo nel sangue, nelle vene, nel cervello. Mi diceva che ogni santo giorno che Dio mandava in terra, doveva lottare con la tentazione di bere un goccio. Finché mollò. L'alcol era tornato a riprenderselo. E se lo portò via nel giro di tre inverni. Prima di morire vedeva mostri, scarafaggi, e altri diavoli che lo facevano urlare...

Un altro amico se ne andò a quarant'anni. Se l'era cavata anche lui, per un pelo. I medici l'avevano strappato alla morte all'ultimo secondo. Troppo vino gli aveva provocato la cirrosi ma era solo l'inizio, e con un po' d'attenzione e cure opportune, poteva vivere ancora molti anni. Così dissero i medici. Lo tenevo d'occhio che non ricadesse. Era un uomo di ottima cultura che amava leggere e tifava Milan, le sue due grandi passioni. Divorava un libro a settimana. Un giorno che mi stava aiutando a imbiancare la casa, vidi che mollò il pennello e se ne andò senza dirmi nulla. Il morso del serpente era lì, sotto la cicatrice. Dopo un po' capii e allora mi affrettai a cercarlo nelle osterie del paese. Non lo trovai in nessuna. D'improvviso ricordai che c'era una bettola fuori mano, sulla curva, prima di un ponte. Andai. Era là che scolava quarti di vino. Durò appena sei mesi. Mi morì in braccio, vomitando sangue. Povero amico! Sincero, leale, buono, generoso, di una dolcezza semplice e vera. Mi manca ancora e spesso lo ricordo anche se sono passati trentun anni dalla sua morte.

Un altro s'impiccò. Era mio coetaneo, caro amico anche lui. Il giorno che chiuse le porte del mondo, eravamo stati assieme. A bere. A un certo punto, forse preso dallo sconforto, disse che dovevamo cambiar vita altrimenti era meglio impiccarsi. Credevo che scherzasse e risposi che sì, dovevamo impiccarci, però con un filo di lana. Invece non scherzava. La sera mise in atto il suo proposito.

Fu così anche per amici di altri paesi. Due li trovarono a casa loro, seduti sulla panca, freddi. Uno prima, l'altro pochi anni dopo. Erano fratelli. Il secondo, nemmeno quarant'anni.

Un altro cadde dalle scale, uno in un burrone, un altro pure. Altri ancora morirono di malattie.

I miei amici sono tutti morti. Avevamo cominciato a bere insieme, giovanissimi, per spacconeria, trasgressione, imitazione dei grandi, dei duri. Come tutti, del resto. Si parte così, per scherzare. In un giovane, in tutti i giovani, c'è quel tanto di spavalderia che non guasta, ma è pericolosa e piena d'incoscienza. L'incoscienza di credere prematuro e ridicolo pensare al domani, a un futuro che s'affaccia all'orizzonte seppur ancora lontano. Ma il tempo corre in fretta, quel futuro che vi sembra così distante è appena dietro l'angolo. E arriva presto. Perciò, ragazzi, quando bevete, ogni tanto lanciate un occhio al futuro e vedete di non farvi pescare in balìa dell'alcol. Può capitarvi qualcosa di gradevole o speciale, inatteso. Può apparire, su quella linea d'orizzonte, il progetto di una famiglia, una donna, una moglie o altre cose belle e sperate. Farsi trovare impreparati e in balìa dell'alcol è una rovina, un fallimento già in partenza. Quante famiglie, dove marito e moglie si volevano bene, amavano i figli, andavano d'accordo, sono state devastate, distrutte, spazzate via perché uno dei membri beveva. O anche tutti e due. Tante. L'alcol distrugge l'amore. Ogni amore. Quindi, anche il vostro. E se può sembrarvi troppo presto per pensare al futuro, fatelo lo stesso, ogni tanto, prima di darvi completamente a Bacco. Vi tornerà utile un giorno.

Ora, dire di bere solo un tipo di alcolico, e io insisto per il vino rosso, può sembrare ridicolo e paradossale. È come dire a un tabagista che fumare solo un certo tipo di sigarette è più salutare. Le sigarette fan male tutte, così come l'alcol. L'ideale sarebbe non farne uso. Ma qui, lo abbiamo detto dall'inizio, stiamo parlando ai giovani, che l'alcol lo usano eccome. Allora meglio cercare di dar loro alcune dritte per farsi meno male possibile. Così come all'incallito fumatore che mai vorrà smettere, si cercherà di consigliare la sigaretta che, a parità di effetto, è meno dannosa, anche se dannose sono tutte.

Se, ad esempio, sentite di aver esagerato bevendo tanto e troppo velocemente, e vi prende all'improvviso un blocco al petto, come un singhiozzo che non vuole uscire, allora correte in bagno, infilate due dita in gola e cercate di vomitare. Fatelo finché non vi riesce e sarete liberi dal blocco, ma non starete meglio. Per stare meglio bisogna bere un bicchiere di vino con le bollicine, uno spumante qualsiasi, certo meglio sarebbe un bicchiere di acqua frizzante... Allora farete un rutto e l'inceppo sarà sbloccato. Sono pericolosi gli intasi creati da bevute ingorde e troppo veloci. L'alcol, anche se è liquido, ha bisogno di tempo come un solido per prender posto nello stomaco e sistemarsi. Per questo il grande Celio, che se ne intendeva, diceva che il vino va "masticato", cioè tenuto in bocca un poco e fatto girare. Un altro superalcolico assai usato dai giovani, soprattutto di recente, è il rum. Il rum è un liquore eccellente, quando è di quello buono, non quei fac-simile chimici che fanno impazzire e sballare di brutto. Alla stregua del whisky, il rum va bevuto liscio, semplicemente così com'è, senza miscugli né aggiunte di Coca Cola o altro. Allora un bicchierino può anche far bene, allenta i freni inibitori, dà allegria e buonumore. Se preso alla sera, come del resto il whisky, rilassa e concilia il sonno. Ma un bicchierino, massimo due e stop. Io però seguito a insistere di abituarsi al solo vino, che alla fine ci si guadagna sempre, ma questa è un po' un'utopia. Ognuno beve quello che gli pare e ha ragione e tutto il mio rispetto. Se uno poi vuole sballare, figuriamoci se sta lì a seguire questi patetici consigli. Ma se vuole sballare può farlo a vino rosso, avrà meno danni e le conseguenze del suo bere si manifesteranno più lontane nel tempo. Il rum, come tutti i superalcolici, preso a forti dosi può stimolare l'aggressività. Questo in generale, perché poi ognuno reagisce secondo il suo fisico e il suo cervello. E addirittura in base all'educazione ricevuta.

Ho visto una sera, sulla piazza di una cittadina nel vicentino, dei ragazzi completamente ubriachi dopo diversi bicchieri di rum. Ne offrirono anche a me e un paio li accettai volentieri. Ma solo due, poi mi fermai. Conoscevo bene i destri diretti del rum. Insomma, questi ragazzi si rotolavano in terra, come botoli a torso nudo, sotto la pioggia. Uno lanciava urla da far accapponare la pelle come se gli cavassero le unghie con le tenaglie. Non posso giurare che siano tornati a casa tutti sani e salvi quella notte. Spero di sì ma ne dubito. Il rum bevuto così, a garganella, in tanta dose, li aveva fatti ammattire. Ce n'era uno che si spegneva le sigarette sul braccio come niente fosse, come le infilasse nella neve. Queste sfrigolavano un poco e poi si spegnevano. Ora, è indubbio che il loro obiettivo era andar fuori di testa, ma in quelle condizioni cosa ottenevano? Quei ragazzi erano diventati ciechi. Stavano rischiando grosso! Ridursi così equivale ad ammazzarsi. Una ragazza che era con loro si mise a traversare la strada a ripetizione, avanti e indietro, per sfidare le auto a investirla. Riuscirono a fermarla ma lei urlava che voleva tornarci. Poi non so come andò a finire, perché li piantai lì e mi feci riportare a casa dal mio amico Goio, che oggi non c'è più.

Quella non è stata l'unica volta che ho visto giovani impazzire per via dell'alcol. Succede quasi sempre a causa del troppo whisky o rum mischiati ad altre porcherie. Così non ci si diverte, cari giovani, così si rischia la pelle. Non cadete in quelle trappole, date retta a uno che c'è passato prima di voi.

Io, però, predico bene e razzolo male, e qualche anno fa ricevetti a mia volta una dura lezione dal rum. Successe a Udine, cittadina friulana di antica cultura e buone speranze. Anche se razzolo male lasciatemi almeno predicare bene e dirvi di bere poco rum. Poi fate quello che volete, ma io intanto ve l'ho detto. Allora, quella volta a Udine, ero andato a tenere una di quelle sciagurate conferenze letterarie che non servono a nulla e per me finivano sempre in epiche sbronze. Ero assieme a Icio e Alberto Garlini, eccellente scrittore oltre che amico. Terminata la faccenda letteraria, entrammo in un bar che conosceva lui e ci mettemmo a bere. Ordinai il solito rosso ma l'amico disse che era meglio un rum. Ne avevo già bevuta di quella roba lì, credo di aver bevuto di tutto in oltre sessantadue anni di esistenza strampalata, ma nella quantità di quella notte mai. Da un giro di rum passammo a due e poi a tre e poi a quattro e via di questo passo. Icio, che nonostante la cattiva fama ha più giudizio di me, beveva vino misto a gazzosa. Forse aveva intuito che più tardi avrei avuto bisogno del suo braccio. Per questo, io credo, si teneva a basso grado.

In poco tempo avevamo dato fondo alla prima bottiglia di rum. Allora iniziammo la seconda. E avanti così, bottiglia sul tavolo, chiacchiere, discussioni su scrittori spocchiosi e bicchieri di rum. Icio ascoltava. Non perché gli interessassero gli scrittori, bensì perché costretto ad aspettarmi. Se in quel bar della vecchia Udine ci fossero stati venti Nobel per la letteratura, non avrebbe fatto una piega. Non gliene può fregare di meno. Se volete fare un torto a Icio, anzi, un'offesa, anzi, più che un'offesa, procurargli nervosismo e seccature, portatelo in libreria. O in biblioteca. Si muoverà avanti e indietro a testa bassa, come un carcerato in cella, senza leggere nemmeno un titolo. Però è un amico fidato e vale più di uno scrittore pieno di gloria e premi. Fu la sua fedeltà infatti a cavarmi dalle rogne quella notte e, forse, a salvarmi la pelle.

Alberto e io finimmo la seconda bottiglia di rum. In pratica una a testa. Ordinammo la terza ma non fummo in grado di cominciarla. Vedevo le pareti che giravano e andando a pisciare mi ribaltai nel cesso. Mi alzai faticosamente e uscii sulla strada, a respirare aria buona. Alberto non lo vidi se non dopo una settimana. Icio mi seguì, ma io non sapevo più dove avevamo parcheggiato l'automobile. Icio mi ricordò che non avevamo automobile, eravamo arrivati a Udine assieme a un editore che, vista la mala parata, ci aveva abbandonati senza manco avvisarci. Da lì in poi ricordo ben poco. Mi passavano davanti immagini vaghe, automobili e clacson che suonavano, cassonetti della spazzatura, un'aiuola, sirene di polizia. Boh. Venni a sapere da Icio, al mattino, che era riuscito a trascinarmi in un'aiuola, vicino alla Madonna delle Grazie, e a mettermi al riparo tra due bidoni d'immondizia dove m'ero addormentato quasi in coma etilico. Verso l'alba riuscimmo a raggiungere la stazione dei treni e ci imbarcammo su un convoglio diretto a Pordenone. Piano piano cominciavo a connettere abbastanza bene. Arrivati a Maniago, ci infilammo in un'osteria mattutina che aveva appena aperto. Seguendo l'insegnamento dei vecchi bevitori, ordinai un quartino di bianco e mi sentii perfetto. Ho avuto fortuna nella carriera di bevitore, una fortuna che, sotto un altro aspetto, può essere definita disgrazia. Dopo le sbronze non ho mai sofferto i postumi, nemmeno un mal di testa, mai avuto malesseri di sorta, anzi, stavo meglio di prima e facevo sport. Questo ha fatto sì che il giorno seguente riprendessi a bere come niente fosse. Se invece passata la sbornia uno sta male da morire, ci pensa due volte ad afferrare il bicchiere di nuovo.

Ritrovai Alberto una settimana dopo e nemmeno lui ricordava nulla. Aveva però una mano gonfia come un cuscino, effetto probabile di un pugno sferrato al muro, ma i particolari non se li ricordava nemmeno lui.

Tra i tanti amici fraterni finiti male a causa dell'alcol, c'è un esempio per fortuna positivo. Si tratta dell'insostituibile Icio Protti, scudiero fedele e sicuro, che ha fatto del silenzio la sua chiave esistenziale. Cominciò anche lui a bere giovanissimo, per spavalderia, come molti. Poi ci fu dentro fino al collo, rovinandosi la vita, senza perdere il buonumore. L'ultima serie di bevute gli regalò un infarto superato bene. La penultima un pauroso incidente nel quale rischiò la pelle. Andò a fuoco mentre, ubriaco, faceva il pieno di benzina al rasaerba. Resuscitò dopo indicibili sofferenze al reparto grandi ustionati di Padova. Una volta fuori trovò alcuni benpensanti che lo redarguirono. «Vedi cosa fa il vino?» sentenziavano. Senza scomporsi rispondeva: «Se fosse stato vino non succedeva niente, ma ahimè era benzina!». Dicono che non c'è danno senza qualche vantaggio. I due incidenti di percorso han fatto sì che Icio non beva più da sei anni. Da solo non ce l'avrebbe fatta. Lo testimoniano numerosi tentativi andati a vuoto. Ricoveri, cliniche psichiatriche, ospedali. Niente di niente. Ci ricascava. Dopo il rischio vita, invece, ha smesso di colpo, e messo giudizio. Durerà? Staremo a vedere. Intanto lo vedo sereno, un altro uomo rispetto ai vecchi tempi. Un'altra vita. Fino a quando nessuno lo sa.

Un'altra regola da rispettare per chi vuol bere vino buono, di ottima qualità, è quella di non mischiare bianco e rosso. L'ho già detto, ma la ripetizione è necessaria perché è facile che i giovani, soprattutto durante i loro festini, saltino qua e là, ad assaggiare questo o quello o quell'altro vino. E poi, ripetere il consiglio mi serve a introdurre un altro aneddoto sul rischioso miscuglio dei beveraggi. Mischiare bianco e rosso fa perdere la memoria, a volte fino a non sapere più dove ci si trova. È chiaro che le dosi bevute devono essere robuste e che un paio di bianchi e un paio di rossi assieme non fanno male né rubano i ricordi. Ma in grande quantità sì. Anche se occorre dire che ogni tipo di alcol, preso in dosi massicce, annebbia l'intelletto.

Una volta andai a Cormons, in Friuli, a presentare

un libro. Cormons, come tutta la zona del Collio, è una delle grandi patrie dei vini eccellenti d'Italia. Mi accompagnava il sindaco di un paese – i cui nomi, di sindaco e paese, ovviamente vanno tenuti segreti. Le sbronze non cadono in prescrizione e i nemici, soprattutto politici, le tirano fuori anche dopo secoli. A Cormons ci invitarono nelle cantine per una serie di assaggi. E, udite udite, in una di queste si tenne pure la conferenza sul libro. Per l'occasione mi avevano, infatti, allestito una cattedra speciale, una botte di rosso da venti ettolitri. Da lassù pontificavo e bevevo. Ma il peggio venne dopo. Finita la menata sul libro, riprendemmo, il sindaco e io, ad assaggiare bianchi e rossi assieme agli organizzatori. Verso l'una di notte congedammo tutti e ci dirigemmo dove ci pareva di aver lasciato l'automobile. Ma non c'era. E nemmeno lì attorno. Cerca di qua, cerca di là, il tempo passava e il sindaco perdeva la pazienza. Faceva freddo, eravamo vicini a Natale e noi a piedi, in giro per Cormons, a cercare la macchina. Cercammo fino alle tre del mattino. Ogni tanto sentivo il sindaco che diceva: «Cazzo!». Alla fine non ne potevo più e mi buttai su un'aiuola, imitato a ruota dal podestà. Dopo un po', si fermò una motoretta e qualcuno ci puntò una pila in faccia dicendo che i barboni lì non potevano stare. Era un metronotte, un giovane metronotte che mi riconobbe e volle pure l'autografo. E lì, nel cuore del buio schiarito da un lampione, sbronzo e infreddolito, dissi al ragazzo che se ci trovava l'auto gli avrei fatto l'autografo col disegno. Domandò che macchina era. Allora gli dissi che era una Panda col nome del paese scritto sulle porte. E dissi il nome. Eravamo andati lì con l'auto del comune guidata dal sindaco. E fu una fortuna. Dopo mezz'ora il metronotte tornò. L'aveva trovata. Al lume della pila, su un blocco per appunti, come promesso disegnai la mia faccia e un "grazie". Firmai e consegnai al ragazzo che ci portò all'auto, felice. Così ebbe termine la disavventura. Venendo a casa, il sindaco non faceva che imprecare e ripetere che era stato il miscuglio di bianco e rosso a farci perdere la memoria. Visto com'era andata, non rimaneva che dargli ragione.

Quindi ragazzi, o bianco o rosso. E quando parcheggiate l'auto in luoghi sconosciuti con intenzioni bellicose, ossia con l'idea di mettervi a bere, segnate la via o individuate qualche punto di riferimento, un palazzo, una banca, in modo che la possiate ritrovare. E una volta raggiunta, lasciatela ferma dov'è, al massimo buttatevici dentro a dormire. Quasi sempre basta mezz'ora di sonno per riprendersi abbastanza da poter gestire un ritorno tranquillo. Ma comunque, prendete l'abitudine di portare con voi qualcuno che non beve, un amico, un conoscente o chicchessia che possa guidare l'auto con sicurezza. Se non è un amico sarà qualcun altro, chiedete al primo che trovate se ci sta a passare una serata con voi e guidarvi l'automobile. Organizzate una colletta, dategli la mancia. La regola ferrea quando avete bevuto, qualsiasi roba abbiate ingerito, in qualsiasi quantità, la regola indiscussa, lo ripeto, è quella di non infilarvi in auto se non per dormirci. Però mai col motore acceso, perché potrebbe entrare gas nell'abitacolo. Lasciate la macchina ferma anche se avete bevuto poco. L'incidente arriva proprio allora, con l'azzardo di pensare "Ce la faccio, non c'è problema". Se proprio non c'è altro verso, e volete a tutti i costi tornare a casa e nessuno è sobrio da poter guidare, non abbiate paura, telefonate al papà o alla mamma e dite chiaro: «Venite a prendermi, sono sbronzo, siamo sbronzi». Lo so che non è facile. Non è facile per diversi motivi. A volte non lo si fa per paura. Rivelare ai genitori che si è in quello stato può suscitare la loro reazione, spesso molto dura. Allora il figlio cerca di evitarlo. E lo fa perché, crescendo, si è sempre sentito ripetere: «Se torni ubriaco guai a te, ti faccio nero, ti taglio i viveri, ti caccio di casa». Ma così i figli non potranno che nascondere la verità.

Allo stesso modo, minacciando una figlia di pesanti conseguenze e punizioni nel caso dovesse rimanere incinta, se un giorno le accadesse davvero, verrebbe presa dal panico e penserebbe di gettare il neonato nel cassonetto, o di ricorrere a pratiche abortive clandestine. Se i genitori educassero senza paure, senza incubi, se dicessero: «Non temere, se rimani incinta è un regalo, se ci dai un nipotino siamo contenti», ripetendolo di continuo, fin dall'infanzia e nell'adolescenza, con molte probabilità alcune ragazze non avrebbero buttato i neonati nella spazzatura. Questo vale anche per il bere. I genitori minacciano, spaventano, ricattano i figli nel caso dovessero far uso di alcolici. Non sanno, o non si rendono conto, che in questo modo li inducono a mentire, travisare, nascondere. Salvo poi andarli a raccogliere feriti, ammaccati, contusi o morti. Perché hanno tentato di farcela da soli a rientrare, mettersi a nanna e non far trapelare nulla. Invece fate trapelare, ragazzi, uscite allo scoperto, dite: «Sono in balla, cari papà e mamma, venite a prendermi». Non vergognatevi di rivelare la realtà che vivete in quel momento. I giovani hanno paura di confessare la sbornia, specie i minorenni, categoria che beve parecchio, perché temono di vedersi privare della libera uscita del week-end successivo. «Il prossimo sabato non esci» sentenziano i genitori. Il giovane vuole uscire e dirà che non beve anche se beve. Sarebbe utile affrontare il problema, non spingerlo sotto il tappeto nella speranza che tutto fili liscio. Ragazzi, fate le cose alla luce del sole e dite quel che fate, liberamente. Allora qualcuno vi aiuterà e si potrà dare inizio a un comportamento diverso nei confronti dell'alcol. Perché i giovani bevono, e si sa. E chi dice che vuol estirpare l'alcol dai giovani è un demagogo. È chiaro come il sole. Il problema dei giovani non è la droga ma l'alcol. E sarà sempre peggio. Checché ne dicano i demagoghi di turno. Anche se i giovani non se ne rendono conto, la dipendenza, seppur non ancora incancrenita, è già entrata in loro. Per averne la certezza basta un semplice esperimento. Provate a stare per due fine settimana, circa quindici-venti giorni, senza toccare un goccio. Provate ad andare in discoteca, al sabato, e a tirare mattina a gazzose e acqua minerale. Se ci riuscite è buon segno, anzi, ottimo segnale di salvamento. Ma scommetto che non ce la farete. Anche perché siete lì per bere, e allora a che pro fare esperimenti? Provateci però almeno una volta, così, solo per rendervi conto. Vi accorgerete che, pur sorretti da fermi propositi, sarà dannatamente difficile resistere alla tentazione. Prima o dopo ordinerete una birra pensando: "Fanculo! Per una mica si muore". A quel punto, lo accettiate o no, è già dipendenza. Leggera, controllabile, ma pur sempre dipendenza. E nel corso degli anni diminuirà di volta in volta l'intervallo tra una birra e l'altra, una bevuta e l'altra, uno sballo e un recupero. Finché vi sveglierete col desiderio del goccio, perché siete agitati, la mano trema leggermente, c'è un po' di ansia. Certo, per arrivare a questo ci vuole molto, occorre bere parecchio, mezza vita di alcolici, ma si parte dal niente, da quella accennata famosa bravata.

Jack London diventò alcolista e, in seguito, nemmeno anonimo, per una curiosità di bambino. Suo babbo stava arando il campo, forse lo vangava. Faceva caldo, l'uomo era stanco, aveva sete. Allora mandò il figlio Jack alla fattoria a prendergli un boccale di birra. Il bimbo aveva cinque anni e fece ciò che il padre gli aveva chiesto. Tornando verso il campo, il bambino rifletteva. Pensava che la birra doveva esser proprio buona se a casa i genitori gli impedivano drasticamente di berla. Inoltre il boccale che portava era troppo pieno e, a ogni passo, il contenuto gli gocciolava sulle gambe. Allora l'assaggiò. Per curiosità e per ridurre il livello affinché la birra non lo bagnasse più. Scrive London nelle *Memorie di un bevitore*: «La schiuma che assaggiai per prima mi disgustò... Affondai il viso nel bicchiere e aspirai il liquido che le mie labbra toccavano. Non era affatto buono ma continuai a bere... Pensando che la bontà della birra mi si sarebbe rivelata in seguito, ripetei parecchie volte la prova, durante quel lungo mezzo miglio». Come si può dedurre, il ragazzino rimase alquanto deluso dal gusto della birra. Anche perché si sbronzò e suo padre lo mise a dormire sotto gli alberi. E poi si sentì molto male. Viene perciò da pensare che non volesse più saperne per il resto dei suoi giorni. E lo dice nelle *Memorie*: «Durante i mesi che seguirono, ebbi per la birra lo stesso interesse che si può avere per il fornello, quando si è rimasti scottati». E più avanti: «Quanto a me, potevo continuare ad astenermene senza il minimo inconveniente. E certo, fino al giorno della mia morte, sarei riuscito a farne a meno...». Ma c'era un se, e fu quel se a condannarlo. London continua dicendo che forse non avrebbe più bevuto: «Se, ad ogni angolo del mondo in cui vivevo, John Barleycorn (l'alcol) non mi avesse aspettato e chiamato, senza che vi fosse mezzo di evitarlo». Ecco, vedete? Anche lui era convinto, all'inizio, di poterne fare a meno. Anzi non voleva proprio più saperne. Invece... Invece finì alcolizzato e morì a quarant'anni nel 1916.

Ma, prima di chiudere con Jack London, bisogna far sapere quel che afferma in merito all'assuefazione, giacché sono parole che fanno riflettere. Sempre in *Memorie di un bevitore* dice: «... Anzitutto, senza aver avuto un'innata predisposizione per gli alcolici, sono diventato un inveterato bevitore... Avevo acquisito da me stesso il gusto per l'alcol, non senza fatica, perché dapprima l'avevo trovato ripugnante, e mi aveva provocato più nausee di qualsiasi medicina... Il sapore non mi piaceva: lo bevevo soltanto per la sua azione stimolante, cosa della quale non mi preoccupavo molto, fra i cinque e i venticinque anni. Erano dunque stati necessari vent'anni di allenamento a malincuore, per imporre al mio organismo una tolleranza ribelle e provare nelle profondità del mio essere il desiderio dell'alcol». E più sotto aggiunge una cosa che non è per nulla cambiata, nemmeno oggi. Dice London bevitore: «... Confessai le mie prime ebbrezze insistendo sulla sola cosa che, in fin dei conti, aveva avuto ragione di me: la facilità di procurarsi quel veleno».

Ecco la droga legale: l'alcolico. I nostri accorti legislatori cercano di mettere al sicuro le chiappe, cacciano ahimè la testa sotto la sabbia! Proibiscono infatti ai gestori di bar, discoteche e mescite varie di servire alcolici ai minorenni, poi permettono ai supermercati di vendere a questi stessi minorenni ogni genere di porcheria alcolica. Funziona così, fingo di proteggerti da un lato e me ne frego se dall'altro tutto ti è permesso.

Lottiamo contro l'orrenda prigione di videogiochi, videopoker, macchine mangiasoldi? Certo. Intanto alla televisione appare uno spot che pubblicizza le infernali macchinette. E nessuno le toglie né tantomeno apre bocca. O meglio, la bocca la aprono, ma di fatti neanche l'ombra.

Allora, cari ragazzi, dovete vedervela da soli con le bevute che alla lunga possono rovinarvi l'esistenza. Non vi dirò mai di non bere, tanto lo fate lo stesso. Io vi dico di bere, eccome, ma praticando certe cautele. Quando avete "caricato troppo" e non trovate modo di andare a casa, chiamate soccorso. Telefonate ai genitori, a parenti, amici. Non abbiate paura a svegliare qualcuno nel cuore della notte e farvi venire a prendere. Nel frattempo state fermi dove siete, mettetevi a dormire se non vi reggete in piedi. Posto per un sonnellino ce n'è, in quelle bolge chiamate discoteche. Se fa freddo e siete usciti all'aperto, chiedete a qualche amico di aprirvi l'auto e mettetevi dentro sul sedile. Nelle vetture dei giovani che vanno in giro per bagordi e tirano tardi, non dovrebbero mai mancare una torcia elettrica, un sacco a pelo o un paio di coperte. Con quelle robe lì, potete passare la notte tranquilli o almeno le ore necessarie a rendervi sobri. Come ho già detto, niente motore acceso mentre dormite in auto, può essere pericoloso. E soprattutto non chiedete passaggi o autostop a nessuno. Non fidatevi di nessuno, soprattutto voi, ragazze. Non si sa mai con chi vi capita di salire a bordo. Può essere un delinquente, un maiale poco ben intenzionato o chi altro volete e voi, che non siete in condizioni di difendervi a causa dell'alcol, rischiate di andare incontro a guai poco piacevoli. Oppure può anche capitare che quello che molto volentieri vi dà uno strappo sia più sbronzo di voi e finite a spaccarvi il naso assieme a lui.

Una volta, molti anni fa, venivo su a piedi da Longarone, verso le due del mattino, sbronzo e stanco. Gli amici mi avevano lasciato a piedi perché a mezzanotte ne avevano abbastanza e volevano tornare su al paese. Allora mi mandarono a cagare, montarono in macchina e se ne andarono. Io, cocciuto, volevo bere ancora e mi ostinai a restare in una balera che si chiamava La Muda. Allora non esistevano discoteche, però fiorivano qua e là questi locali che oggi rimpiango dove, grazie alla musica di un juke-box, chi voleva poteva ballare e conoscere ragazze. Ma noi della squadra ertana si andava in quei posti solo a bere e spaventare i clienti perché avevamo una cattiva fama. Ballare, quindi, niente. Non ricordo un solo passo di danza né un amore in anni di calate settimanali in quella rinata Longarone. Solo sbornie colossali. Ed è un miracolo se nessuno di noi si ammazzò con l'automobile. Incidenti però sì, e tanti.

Allora, tornando a quella notte, alle due del mattino mi avviai verso Erto. L'avevo fatta tante volte a piedi, quella strada, sbronzo e di notte. Erano, e sono ancora, dodici chilometri in salita, una vera impresa se ubriachi. Quando fui sul ponte che attraversa il Piave, prima del paesino di Codissago, sentii arrivare un'auto. Mi piazzai in mezzo alla strada a braccia alzate e il conducente si fermò per non mettermi sotto. Era uno di Claut che andava a casa e per andare a casa doveva per forza passare da Erto. Fu per me un vero colpo di fortuna, l'uomo mi raccolse e potevo rientrare con le chiappe sedute. Ma di lì a poco cambiai idea sul colpo di fortuna. In quel tratto di strada, dopo il ponte c'è subito una curva a gomito a sinistra con di fronte un capitello coi santi. Be', il gentile clautano, pieno come un uovo, si addormentò alla guida proprio in quel punto. Infatti non curvò e finimmo frontalmente contro il capitello distruggendo l'automobile, i santi e i nostri nasi. Allora non c'erano i cellulari e, non potendo chiedere aiuto, ci buttammo a dormire nell'erba, poco più in là, ammaccati e sanguinanti. Per fortuna non avevamo niente di grave e l'indomani in qualche modo rientrammo.

Un'altra volta mi capitò di peggio. Devo dire che, nella mia carriera alcolica, almeno cinque sei volte ho avuto incidenti con autisti sbronzi, ma di quelle remote avventure ho già parlato nel libro *Aspro e dolce* edito da Mondadori. Allora, quella volta del peggio, decisi di andare a Maniago a bere con gli amici di laggiù. Mi avviai a piedi verso S. Martino e Cimolais con la speranza di trovare un passaggio. E lo trovai. Appena fuori paese si fermò un uomo che ben conoscevo, al volante di una 127 verde scuro. Andava proprio a Maniago. Avrà avuto l'età che ho io adesso, cioè sessanta e qualcosa. Ricordo che era agosto, primo pomeriggio, e faceva caldo. A Maniago c'era la sagra, e contavo di arrivare in tempo. Sapevo che l'uomo beveva, quel che non sapevo era che guidava nel momento sbagliato. Quando fummo alla costa del Savalón, dove la strada costeggia l'abisso, il pilota cominciò a vedere dei fuochi sul greto del Vajont. E mi chiedeva: «Cosa fanno quei fuochi laggiù, chi li avrà accesi con sto caldo?». Sbirciai alla mia destra verso il basso e sul greto del torrente non vi era alcun fuoco. Solo le pietre arroventate di sole. Però me ne stetti zitto. Più avanti cominciò a dire che vedeva il monte Lodina franare e allora si fermò per paura che la frana ci investisse. Volevo scendere ma non feci in tempo. Ripartì con un sobbalzo. Non era ancora finita. Sui prati del Tegn, secondo lui, pascolavano vacche con la cresta rossa, come i galli. Voleva sapere se avevo mai visto vacche di quella razza, con la cresta rossa alta un metro. Rispondevo di no, niente vacche crestate. Ma intanto avevo capito e cominciò a prendermi il panico. L'uomo, probabilmente in crisi d'astinenza, era in preda a un attacco di delirium tremens e aveva le visioni. Avrei voluto buttarmi fuori dall'abitacolo ma correva troppo, mentre guardava di sbircio le vacche con la cresta. Gli dissi di fermarsi che stavo male. Rispose che ormai eravamo arrivati a Cimolais. A Cimolais lo presi per la gola. Nel senso buono. Gli dissi che avevo voglia di un bicchiere. «Anch'io» rispose con gli occhi stralunati. Al bar Da Rosa trangugiò sei bianchi uno dopo l'altro e si calmò. Lo vidi rilassarsi. Lo salutai dicendo che avevo cambiato idea, Maniago non m'interessava più.

Venni poi a sapere che lo avevano ricoverato. Sulla piana di Cimolais era andato dritto lungo i prati, convinto fosse l'autostrada. E si era cappottato. Quindi, ragazzi, niente autostop, con nessuno. A meno che non conosciate l'autista. Ma prima accertatevi che sia sobrio. Però, se siete sbronzi, questo accertamento risulta difficile. Allora, per non sbagliarsi, evitate ogni autostop. Vi sono tante buone ragioni per non salire in auto con sconosciuti.

Se siete tipi a cui piace bere birra cercate, per quanto possibile, quella naturale, di pronta beva. O meglio ancora quella artigianale. Fa meno male e vi rende allegri lo stesso. Però, se ne bevete un secchio è ovvio che andate in malora anche con quella. «Ogni carta fa gioco, ogni vento fa vela» diceva

Celio, quando gli offrivano qualcosa da bere perché non aveva soldi. Importante per lui era sbronzarsi, avere la dose giornaliera, che fosse vino o birra. Ma ormai era alla fine dei giorni, poteva permetterselo.

Lo sballo, ragazzi, deve essere controllato, allora diventa intelligente e pure divertente. Ma c'è di più. Se non toccate il fondo eviterete il rischio di rendervi ridicoli. Mai perdere le redini della sbronza. Ho conosciuto bevitori incauti che, al colmo di una baldoria, diventavano marionette e ne combinavano di ogni colore. E poi stavano nascosti settimane, non si facevano più vedere per la vergogna di aver messo in scena uno spettacolo non proprio a modo.

Una volta venne da me un amico di un paese un po' lontano. Era ubriaco sfatto e nella mia tana-laboratorio seguitò a bere roba che si era portato. Acquavite della peggiore, forse la testa o la coda di qualche distillazione clandestina. Ricordo che era venerdì santo, verso le 16.00. Lungo la via stava passando la processione della penitenza. I paesani sfilavano col prete in testa e il Cristo incappucciato subito dietro. Il mio amico, che ce l'ha coi preti e con tutte le cose da loro condotte, non ci vide più. In un baleno, senza che me ne accorgessi, si denudò completamente e si mise sulla porta dietro il vetro mentre la processione passava. Accortomi, lo afferrai per un braccio e lo trascinai al coperto. Ma intanto aveva fatto in tempo a farsi ammirare le nudità. Fortuna che quassù c'è gente che capisce e quella volta chiuse un occhio anche se, durante l'esibizione, li tenne aperti entrambi. Specie le signore, che maledivano inorridite mentre ammiravano lo spettacolo inatteso. Per anni questo amico non s'è più fatto vedere in paese e ancor oggi, quando arriva, si ferma qualche minuto a salutarmi e poi scompare. Sente che quel fatto pesa ancora sulla sua reputazione.

Se la sbornia non viene controllata si rischia, tra le tante opzioni, di finire travolti in dispute e baruffe o di rendersi ridicoli con azioni che ci faranno vergognare e nascondere per mesi, se non addirittura denunciare. Perciò, se percepite che l'alcol vi sta prendendo il cervello, smettete di bere e dissipatelo faticando. Muoversi fa bene, si consumano le calorie alcoliche, che sono le peggiori. Con la fatica ogni sbornia regredisce un pochino. Ballare e saltare è un ottimo esercizio. Ballate, faticate, sudate, buttate fuori tossine, espellete gocce di sbornia, una alla volta, finché vi sentirete meglio. Nel frattempo evitate di assumere altro alcol. Casomai fatelo dopo, quando vi sarete ripresi e sarete un po' più lucidi.

Avevo un amico che beveva cui ero molto legato. Serio e controllato da sobrio, era stato mio maestro e gli volevo bene. Per tutta l'esistenza convisse col terrore di aver combinato chissà quali robacce. Quando era pieno fino al collo, sprofondava nell'abisso e nell'incoscienza. Non ricordava più nulla e allora ogni mattina mi cercava e, quando mi trovava, iniziava a tempestarmi di domande.

«Cosa ho combinato?» chiedeva pieno d'angoscia. «Dimmi la verità, ho combinato qualcosa di storto?»

Rispondevo di no, che non aveva combinato niente, anche se ogni tanto qualcosa non andava per il verso giusto. Come quella volta che strappò il microfono dalle mani di un cantante che, con il suo complesso, intratteneva gli ertani una sera d'agosto sulla piazza del paese. Il mio amico, ormai in stato confusionale, forse si immedesimò in Mario Merola o Roberto Murolo o Renato Carosone. Sta di fatto che, microfono incollato alle labbra, si mise a cantare canzoni napoletane con degli acuti da far accapponare la pelle. I suonatori stettero al gioco e cercarono di assecondarlo con qualche accordo. Non contento, si levò la camicia continuando a sbraitare a torso nudo le improvvisazioni partenopee. C'era da crepar dal ridere e la gente rise davvero di gusto. Pareva pazzo e forse in quel momento lo era. E forse lo era anche da sobrio, solo che sobrio era impossibile vederlo. Appena qualche ora al mattino, quando mi faceva le domande pieno d'angoscia. Poi, di sicuro per annientare quelle paure, riprendeva a bere di nuovo finché precipitava ancora nel totale oblio dei sensi. E l'indomani mi poneva le solite domande. Così fino alla fine. Credo abbia vissuto male.

Quindi ragazzi, divertitevi, bevete, ma con giudizio e, soprattutto, non bevetevi il cervello. Ma siccome con molte probabilità queste raccomandazioni cadono nel nulla, insisto e vi suggerisco altre dritte. Quando avete bevuto, se proprio volete a tutti i costi tornare a casa in auto, curate almeno di non salirvi in quattro o cinque o sei come spesso succede. Se capita un incidente è alto il rischio che ci rimaniate tutti. Meglio quindi salirvi in due, autista e passeggero. E il passeggero, per quanto gli è possibile ovviamente, deve cercare di tener sveglio il pilota, magari cantando o facendogli domande, toccandogli la spalla, scuotendolo, se occorre facendolo fermare. Non è certo facile se anche il passeggero è sbronzo, anzi, spesso è lui il primo che si addormenta sul sedile. Però a volte funziona ed è già una piccola speranza in più di portare a casa la scorza. Molte volte, quando si è pieni, si finiscono per vedere due linee di mezzeria. In quel caso basta chiudere un occhio e la striscia ritorna singola qual è in realtà. Ma ripeto: non si deve montare in auto da sbronzi. Assolutamente no.

Riguardo al vederci doppio, ricordo un episodio tragicomico già narrato in *Aspro e dolce* ma che merita una rispolverata.

L'amico Vasily e io eravamo andati alla sagra di Cimolais a bordo della mia Lambretta color caffelatte. Laggiù rimanemmo tre giorni, sempre sbronzi e dormendo sotto un noce. Alla fine, distrutti e sfiniti, decidemmo di rientrare. Barcollando, posai le mani sul manubrio della motoretta, ma l'amico mi disse di scostarmi che ero ubriaco e voleva guidare lui. Mi sembrava ubriaco quanto me, anzi, ne ero sicuro, ma viste le sue insistenze mi rassegnai e gli cedetti il comando. Vasily prese posizione, io m'accoccolai sul sellino dietro, abbrancandomi alla sua schiena per non rovesciarmi nelle curve. Partimmo. In cima al passo San Osvaldo c'era una galleria artificiale, per fortuna smantellata da tempo. Mentre ci apprestavamo a raggiungerla, Vasily si voltò un tantino e gridò: «O Mauro, ne vedo due».

«Di cosa?» chiesi.

«Di gallerie» rispose.

«Prendine una» dissi.

Infilò quella sbagliata, quella che non c'era. Picchiammo frontalmente contro il cemento armato e ci andò bene. Lui clavicola fratturata, io quattro costole. Bastava avesse chiuso un occhio e la galleria sarebbe tornata a essere una. Ma forse non lo sapeva o si era dimenticato. Né io mi ricordai di dirglielo.

Comunque, ricordatevi di fare attenzione ai luoghi pericolosi, tipo bar su scogliere, rifugi o bettole abbarbicati a strapiombi o piazzati in luoghi fuori mano, raggiungibili solo a piedi per sentieri disagevoli ed esposti. In quei casi occorre avere tripla attenzione e non bere fino allo sfinimento. Certi luoghi pittoreschi o caratteristici possono risultare pericolosi al bevitore incauto. Anche perché l'alcol toglie freni inibitori e paure, ci consegna al pericolo e noi lo affrontiamo senza pensarci un attimo. Così ci si sporge sugli strapiombi, si passeggia disinvolti su sentieri a precipizio, si corre sbandando su scogli affilati. E, quando si perde l'equilibrio in posti simili, sono guai seri, si rischia di morire. Se quindi non vi riesce di star fermi dopo abbondanti libagioni, quantomeno evitate di andare a bere in locali situati in luoghi potenzialmente pericolosi. State in pianura se dovete bere forte, o fatevi accompagnare da un amico fidato se vi capita di riempirvi nelle vicinanze di un burrone.

Nella Val Cellina esiste un ristorante inchiodato a una rupe verticale con sotto un salto di almeno cinquanta metri. Lì, in quel posto molto bello e appartato, feci l'ultima bevuta con l'amico Vasily, quello delle gallerie. Era una notte d'estate. Lo vidi che trincava e cantava mentre un tipo suonava la chitarra. Anch'io cantavo. A quei tempi da sbronzi si cantava, ora i giovani prima bevono, poi si picchiano o s'ammazzano. C'è una tensione nel loro mondo che si può palpare, toccare, vedere, come un alone elettrico attorno ai corpi. A ogni modo, salutai Vasily che era tardi, forse le due del mattino. Non dovevo lasciarlo, dovevo trascinarlo via a costo di usare la forza. Col senno di poi nessuno sbaglia. Invece me ne andai. Lui a una certa ora uscì e finì nel burrone sottostante. Morì.

Ecco perché vi dico di stare attenti a bere in posti pericolosi. Se vi accorgete che un vostro amico ha bevuto troppo ed è a rischio, non abbandonatelo neanche per un secondo. Anche se rompe le balle, insulta, attacca briga, lasciate perdere per quel momento e pensate solo a riportarlo a casa. Casomai gli fate la predica il giorno dopo, ma durante il bisogno guai a non aiutarlo. Nemmeno se lui vi manderà via. Anzi, a maggior ragione, non dategli retta. La sua testa non è in grado di capire, però di provocare sì. Lui vi sfida a lasciarlo lì e voi non dovete spazientirvi dei suoi insulti e andarvene. Guai. Lo avreste sulla coscienza per il resto dei giorni nel caso dovesse capitargli qualcosa. Come io ho sulla coscienza il mio caro amico Vasily. Non si abbandona nessuno come un cane, nemmeno uno sconosciuto, per le strade del pericolo.

E ora vorrei rivolgermi alle ragazze. E la prima raccomandazione che vorrei fare loro è quella di non mollare di vista il bicchiere. Tenetelo in mano, bevetelo adagio e non perdetelo mai d'occhio. Potrebbe accadere, come spesso è avvenuto, che qualche farabutto vi butti dentro delle sostanze che rendono inermi, passive e perdute. Col rischio di svegliarvi chissà dove, violentate, picchiate, brutalizzate e quant'altro. Quindi, per favore, non fidatevi mai e di nessuno, nemmeno del vostro migliore amico, e prestate sempre attenzione al bicchiere. Ma se siete ubriache sfatte come fate a controllare la situazione, neutralizzare il bastardo che vuole drogarvi? Le ragazze dovrebbero sempre tenere a portata di mano uno spray irritante per potersi difendere da eventuali attacchi di male intenzionati.

Altre armi no. Guai. Ragazze, e ragazzi, non portate mai in tasca coltelli o armi bianche in genere, men che meno armi da fuoco. Può darsi che dalle bevute scaturiscano diverbi, incomprensioni che possono degenerare in risse. Allora, se tenete in tasca un coltello e vi trovate in difficoltà, è facile che l'ira vi accechi e la lama brilli e affondi nel rivale con tutto quel che segue. Perciò ripeto, niente armi con voi, se proprio dovete attaccar briga, vedetevela a cazzotti o calci in culo. Meglio sarebbe non baruffare, ma siccome può succedere che l'alcol spinga alcuni all'aggressività, viaggiate disarmati giacché chi ha un'arma prima o dopo la usa e le conseguenze sono fatali. Sempre.

Altra cautela da praticare, in particolar modo per le donne, è non bere mai dal bicchiere altrui. Soprattutto se ve lo porgono. Non si sa cosa stanno bevendo e che cosa ci hanno messo dentro, se sono malati o chissà cos'altro. Usate del vostro bicchiere, che basta e avanza.

Una volta, molti anni fa, in discoteca a Pordenone, con l'amico Roberto Bernard, accettai da un tizio un bicchiere di spumante, anche se tutti sapevamo che si drogava. Dopo un po' vedevo i muri che si gonfiavano e poi si rompevano e dalle spaccature uscivano fiumi di sangue. Una roba da incubo che durò almeno un paio d'ore. Roberto mi buttò in auto e lì dentro mi rannicchiai come un topo spaventato finché mi passò.

Se per caso voi maschietti andate in qualche night, non fatevi abbindolare né irretire dalle entreneuse che vi chiedono insistentemente di offrir loro da bere. Piuttosto bevete da soli se non volete correre il rischio di trovarvi conti da capogiro da pagare. Le ragazze sono lì apposta, belle e provocanti, e non vedono l'ora di farvi consumare a favore del padrone che le sfrutta.

L'amico Icio Duran per dieci anni ha lavorato in un night. Dopo il tracollo finanziario, dopo aver fatto mille lavori, tra i quali il pastore di pecore, finì appunto in questo night. Allora, tre o quattro volte, ne approfittai per andar a vedere le ragazze che si spogliavano. Ebbi subito un'impressione di squallore, ma quei bei culetti lì mi fecero tornare ancora. Una volta ci andai con un paio di amici, uno dei quali facoltoso, e un prete che, almeno così disse, voleva rendersi conto di dove si annidava il peccato. Là dentro mi avvicinò una russa e iniziai a bere con lei. Stramaledetta quella volta! Verso le quattro del mattino domandai il conto. Erano novecentomila delle vecchie lire. In tasca sì e no ne avevo trentamila e in quei posti, se non paghi, non esci incolume. Alla fine, per farla breve, saldò tutto l'amico facoltoso che mi disse di stare più attento la prossima volta. Ma mica lo sapevo che funzionava così. Venivo giù dai monti e non ero ferrato in materia. Ma nei locali a luci rosse l'ignoranza non è contemplata. Quindi, occhio ai culetti, guardateli ma bevete da soli!

Altra, e forse ultima raccomandazione, è di non bere per scaldarsi. Se vi trovate in situazioni o ambienti freddi, dove la temperatura è sotto zero, l'errore banale è quello di trangugiare superalcolici per ricevere calore. Caldo non ve ne danno i distillati, men che meno il vino, anzi, entrambi tolgono quel poco tepore che vi resta. Per due volte ho rischiato l'assideramento, convinto che, pieno di grappa, non avrei avuto alcun problema a stare fuori di notte in gennaio. Invece mi addormentai sopraffatto dall'alcol e solo per puro caso fui trovato al mattino dopo, mezzo congelato. Ma queste storie tragiche, delle quali non mi vanto di certo, le ho già raccontate nel libro *Aspro e dolce*, perché, come ha scritto Gabriel García Márquez nell'autobiografia, bisogna "vivere per raccontarla".

Oggi, 27 gennaio 2013, mentre butto giù queste righe, sono diciassette mesi che non tocco un goccio d'alcol. Non sono un pentito, so che prima di crepare ne berrò ancora. Prima di crepare mi piacerebbe, assieme ad altri vini, regalarmi qualche bottiglia di De Plano, nettare meraviglioso prodotto dall'amico Nicola Bedin, amministratore delegato del San Raffaele di Milano ma con profonde radici nella terra. Radici che gli hanno permesso di produrre una gamma di bianchi e rossi di pregio e gusto inimitabili.

Una volta iniziati all'alcol, dall'alcol non si esce più. Lo si può sospendere, mandare in ferie per qualche tempo, o spedirlo all'estero, ma esso tornerà a cercarci, tentarci e soggiogarci. L'alcol non emigra per sempre, ama la patria. La patria siamo noi, ognuno con la sua. Però, con un po' di volontà e un po' di fortuna, lo si può gestire senza gravi conseguenze. Ho bevuto per tutta l'esistenza e sono ancora qui.

E ho fatto vita sportiva, scalate, camminate, sci-alpinismo, ho fatto legna e altre fatiche che, se fossi stato dipendente totale dall'alcol, non sarei riuscito a portare a termine. Certo, non sono un buon esempio, lo so, ma nemmeno dei peggiori. Ogni tanto mi astenevo, per alcune settimane, a volte anche mesi, una volta rimasi all'asciutto tre anni. Ma poi ci ricascai. All'alcol si torna, è inevitabile, non c'è niente da fare. Però sono riuscito a gestirlo assai bene ed è questo che vorrei lasciare ai giovani. Se si hanno degli interessi, qualche hobby, un po' d'affetto, si può riuscire a non darsi completamente all'alcol. È chiaro che per qualcuno più predisposto (anche geneticamente), sarà molto difficile se non impossibile rimanere sul confine. Stare un po' di qua e un po' di là non è semplice e nemmeno è il mio modo di esistere. Ma nel caso dell'alcol, mi sento di consigliarlo. E praticarlo a mia volta, come ho sempre fatto. Solo in questo caso però, perché nel resto della vita, si sta o di qua o di là, senza tentennamenti.

E allora, a chi di voi sceglie di vivere con l'alcol, non mi resta che augurare che gli vada bene, anche se ho la certezza che bene non gli andrà. Gli andrà malissimo.

A coloro che invece scelgono di stare totalmente senza, dico che non sanno cosa si perdono, ma dico pure che quello che guadagnano forse è di gran lunga maggiore.

Agli astemi dico che sono fortunati. Essi hanno ereditato il raro dono genetico di un vaccino che li rende immuni dal vizio di Bacco, ma non li invidio affatto. Neppure però infierisco su di loro con della facile ironia. Li rispetto, che mi sembra una buona cosa.

A quelli che hanno scelto la via di mezzo, dico che sono sulla strada giusta e che si divertano, ma attenzione a non passare oltre. Andare oltre non è subito facile ma può capitare a causa del tempo che passa e vi tira dentro un po' alla volta. Però ve ne accorgerete e allora correte ai ripari con drastiche astensioni. Se non ne siete capaci, fatevi aiutare da un medico perché a quel punto siete a rischio.

Personalmente, se ho sospeso l'alcol da diciassette mesi è perché ho fiutato il pericolo di dipendenza. Ormai non rientravo mai a casa senza... diciamo così, una certa allegria. A quel punto ho detto stop. E mentre scrivo queste pagine sto tenendo ancora bene. Per quanto tempo non lo so, spero per sempre, ma sarà difficile. Intanto mi purifico, il fegato tira il fiato. C'è anche un altro motivo per cui mi sono fermato. L'alcol, nel mio caso il vino, non faceva male tanto a me quanto a coloro che mi vogliono bene: figli, amici, parenti. Anche per loro ho smesso. Per rispettare la loro dignità. Un figlio si vorrebbe nascondere piuttosto di sapere e vedere suo padre sbronzo. Pensate a quando sarete padri, cari ragazzi! Gli amici, quelli fasulli (tanti), prendono le distanze. Quelli veri (pochi) soffrono. I parenti, quelli che non bevono, ad avere un parente degenere si vergognano, ma molto meno dei figli. Alcuni più di altri, temono di veder intaccato il loro onore. A questo punto, chissenefrega dell'onore di tali parenti. Prima di tutto cari ragazzi, dovete rispettare voi stessi, volervi un po' di bene, senza strapazzare troppo la vita. La cosa è possibile pur decidendo di concedervi qualche bevuta. Però bevete seguendo i comandamenti di un vecchio cialtrone che ha scelto di dire le cose come stanno, senza falsi moralismi. Risparmiandovi così di prendere altre badilate in faccia da quel mondo falso degli adulti che non sa parlare chiaro. Ecco i comandamenti:

1) Bere un solo tipo di alcolico, per quanto vi è possibile vino, ancora meglio se rosso.

2) Non mettersi alla guida di alcun mezzo e, men che meno, far guidare sconosciuti.

3) Se avete bevuto troppo, chiamare qualcuno che vi porti a casa, genitori compresi.

4) Non bere mai fino a perdere completamente il controllo, allenarsi a fermarsi prima.

5) Non salire in auto in cinque o sei bensì in due, massimo tre.

6) Tenere sempre in auto un sacco a pelo, o qualche coperta, e una torcia elettrica.

7) Mai scaricare o lasciare solo, ovunque si trovi, l'amico in difficoltà.

8) Tenere d'occhio il bicchiere: che qualcuno non versi delle porcherie per drogarvi.

9) Non portare mai in tasca coltelli né armi di qualsiasi tipo.

10) Bere adagio e mai roba fredda, soprattutto mangiando qualcosa.

11) Mai passare dai gradi alti a quelli bassi, bensì il contrario.

12) Portare un amico che non beve, che vigili su di voi, vi trascini via quando occorre e guidi l'auto.

13) Durante le bevute fare movimento, faticare, ballare, camminare un poco all'aria aperta fuori dai locali.

14) Provare, anzi fare, ogni tanto periodi di astinenza dall'alcol di almeno un mese.

15) Pensare, mentre bevete, a coloro che vi vogliono bene e al dolore che potete arrecargli in quel modo.

16) Mai fare l'autostop, soprattutto le ragazze, nemmeno se più di una.

17) Dopo la sbronza doccia fredda, digiuno e tazze di acqua bollente con zucchero.

18) Per quanto possibile, muoversi con mezzi pubblici, lasciando le auto in garage.

19) Fare molta attenzione a bere in luoghi pericolosi, rifugi su dirupi, costiere, scogliere eccetera.

20) Bere solo ogni tanto, solo nel fine settimana, il resto regime assoluto ad acqua.

Credo possano bastare. Finisco con una battuta del grande Celio che, dopo averci impartito con pazienza gli insegnamenti su come bere bene, concludeva dicendo: «Volete proprio un consiglio? Fate come vi pare». E ora buone bevute! Ma ricordate: dove passa l'acqua dei secoli lascia delle tracce, l'alcol le cancella. Bevete e divertitevi, ma non cancellate con l'alcol le vostre tracce.

Finisco questo quaderno nato con l'intento di dare ai giovani che bevono alcune dritte. Non salverò nessuno né cambierà qualcosa ma, in mezzo a un mondo di fasulli e demagoghi riguardo al problema alcol-giovani, sentivo il dovere di farlo. E l'ho fatto, vada come vada. Una volta, quando finivo un libro, bevevo una bottiglia di rosso. Stavolta no!

Forse però la prossima, chissà!

Dall'alcol non si esce, lo si può solo sospendere. Per ora l'ho sospeso, ma sento che tornerà, e allora andrò fino in fondo.

Erto, 7 maggio 2013

«Guida poco che devi bere»
di Mauro Corona
Oscar bestsellers
Arnoldo Mondadori Editore

Questo volume è stato stampato
presso ELCOGRAF S.p.A.
Stabilimento - Cles (TN)
Stampato in Italia. Printed in Italy